crepúsculo

DIARIO DE LA DIRECTORA

CÓMO HICIMOS LA PELÍCULA
basada en la novela de STEPHENIE MEYER

CATHERINE HARDWICKE

ALFAGUARA

Título original: *TWILIGHT. DIRECTOR'S NOTEBOOK*
© De la recopilación: 2009, Catherine Hardwicke y Summit
Entertainment, LLC
Siempre que no se especifique lo contrario: © De las fotografías:
2009, Summit Entertainment, LLC
Publicado de acuerdo con Little, Brown and Company (Inc.)
New York, New York, USA
© De la traducción: 2009, Julio Hermoso Oliveras
© Santillana Ediciones Generales, S.L., 2009
Torrelaguna 60. 28043 Madrid
Teléfono: 91 744 90 60
© De esta edición:
Santillana Ediciones Generales, S.A. de C.V., 2009
Av. Universidad 767, Col. Del Valle,
C.P. 03100, México D.F.

Primera edición: junio de 2009
ISBN: 978-607-11-0252-2
Impreso en México

Maquetación: Julio Hermoso Oliveras

DE LA CUBIERTA:
ART © DEANA NEWCOMB: Front Photos: Row 1, lt; Row 2 rt,
far rt; Row 3 rt; Row 4 lt; Row 5 lt; Row 7 rt; Back Photos: Row 2
rt; Row 6 rt; Row 7 two mid, rt; Row 8 rt. photo. ART © KATHY
SHORKEY: Front Illustration: Row 1 mid. Back Illustration: Row
7, lt. ART © TREVOR GORING: Front Storyboard: Row 1 rt.
Back: Row 1 lt. ART © PETER SOREL: Front Photos: Row 2 lt,
Row 7 far rt, Back: Row 1 rt, Row 4 mid lt, Row 5 lt, Row 7 far lt.
ART © JAMES LIN: Back Photo: Row 4, lt. ART © PATRICK
LOUNGWAY: Front Frame Grab: Row 3 lt. ART © IRENE
HARDWICKE OLIVIERI: Front Painting: Row 4 and 5 rt. ART
© BEN HARDWICKE: Front Photo: Row 7 lt, Back: Row 6 rt.
ART © PATRICK T. SMITH: Back Photo: Row 4 far lt. ART ©
SUMMIT ENTERTAINMENT: Front Promo Photos: Row 3 mid,
Row 6 rt, Row 8 lt, Back: Row 6 lt. Row 8 lt. Spine: top & bottom.
ART © PHIL KELLER: Front Storyboards: row 6 lt. mid. Back: row
3 all. ART © CATHERINE HARDWICKE: All hand lettering,
Front Photos: Row 7 mid, Back: Row 2 lt, Row 4 mid rt, Row 8 lt,
ART © OKSANA NEDAVNIAYA: Front Illustrations: Row 8 mid,
Back: Row 4/5 far rt, Row 5 far lt

Citas extraídas del libro de Stephenie Meyer, *Crepúsculo*, © 2009,
Santillana Ediciones Generales, S.L. (Madrid, España). Publicado de
acuerdo con Little, Brown and Company (Inc.)
New York, New York, USA

Para la maravillosa Stephenie, que lo empezó todo...
y mi hermana Irene, cuyos cuadros misteriosos
me inspiran a diario... Y para mi madre, Jamee,
que tantas veces me insistió en que eligiera
a un Edward «macizo».

Índice

Cómo hicimos Crepúsculo

En enero de 2007 compré un ejemplar
del libro y lo devoré. Éste es su estado actual:
un montón de Post-it; fragmentos subrayados;
cientos de frases resaltadas porque me gustan,
con notas al margen como «tiene que salir en
la peli». Mi reto era trasladarlo al celuloide.
Cómo tomar las poderosas emociones de
Stephenie —amor profundo, hipnótico, obsesivo,
delirante— y llevarlas a la pantalla. Hacerte
sentir lo mismo que ella cuando la lees, cuando
te dejas llevar junto a Bella y Edward...
cuando te imaginas a los Cullen, un clan de
vampiros vegetarianos que vive escondido en
esos bosques de la costa del Pacífico llenos
de troncos ancestrales cubiertos de musgo
y el suelo plagado de helechos. Y la niebla,
siempre profunda, espesa y misteriosa.
En este libro intento mostrar a los fans
y aspirantes a cineasta el proceso por
el que pasamos el equipo y yo cuando rodamos
Crepúsculo.

Catherine

¿Qué Lleva En La Mochila?

Comentarios de Patrick Smith, ayudante de la directora

Chicle, más fácil que el cepillo

Un detalle de todos y cada uno de los exteriores de la película. Una tarea de cinco horas un sábado por la noche. ¿A cuántas chicas habré dejado plantadas por esta película?

Guión de rodaje

Visor para componer planos. Lo «perdí» en el set de exteriores del instituto y me pasé horas buscándolo. Llegué al extremo de preguntarle a Elliot Davis, el director de fotografía, si lo había visto. El aparatito cuesta unos 400 dólares. Lo caché usándolo una semana más tarde y casi le ahorco.

Director calentito, director feliz.

Para un cepillado de aquí te atrapo, aquí te mato.

Un par de tennis secos...

Su cuaderno personal de notas, con sus pensamientos más íntimos y profundos. Si lo pierdo, me corta la cabeza y la expone como advertencia para el resto de ayudantes.

En el Pacífico noroeste hace un frío terrible. Yo tengo el honor de pasarle un impermeable cuando está a punto de diluviar, guantes si hace viento y calcetines limpios. Es maravilloso ponerse unos calcetines limpios a mediodía.

¿Puede alguien explicarme por qué le compré esta belleza y aún hay botellas de plástico vacías tiradas por mi coche?

¡LISTA DE PLANOS!
¿Por qué dormir si puedes rodar toda la noche?

Todos sus bolis están mordidos.

¡Ojo, señoritas! ¡Es Solomon Trimble!

NUESTRA BIBLIA

Su carnet de la McAllen High School. Así de preparada va... Nunca se sabe si hará falta.

En un rapto de locura se enchufó un láser en los ojos (se operó). Hay que mantener húmedo ese par de luceros.

Usa su iPhone para trabajar. Yo uso el mío para ver vídeos.

Lleva esto en la cintura siempre que busca exteriores.

Llena el portátil de pegatinas para disuadir a los ladrones.

La mochila. Peso total aprox.: 18 kilos. Siempre la tiene cerca. ¿Te imaginas quién carga con ella?

Contiene todo tipo de documentos. Calendarios, guión, presupuesto, fotos de referencia, planificación... Todo lo necesario para dirigir Crepúsculo.

El adaptador de coche con el que enchufa sus aparatos electrónicos. ¡NO SALE DE CASA SIN ÉL!

Todo esto me hizo pensar en la pradera...
Detalle de un cuadro de mi hermana, Irene Hardwicke Olivieri

«Calidez, humedad, luz»

MI INSPIRACIÓN

Mi hermana pinta estos cuadros tan oníricos en capas, hombres y mujeres en la naturaleza, con trazos a menudo muy personales en cada superficie.

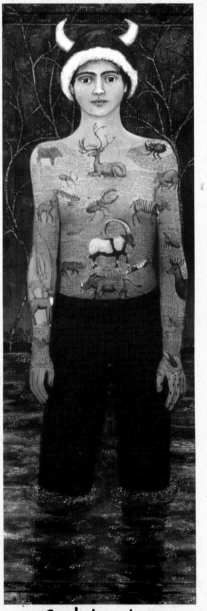

Los cuadros son íntimos, casi como un diario, casi como... Crepúsculo...

«Piel basta»

«Ya una rana, todavía un renacuajo»

Pensando
en Bella...

«Arenas movedizas»

Erin Schneider hizo estas
fotos de Sarah Blakley-
Cartwright, mi hija
«adoptiva». Tienen ese
«aire de Bella»: el pelo
suelto, un maquillaje
natural y el contacto
con la vida al aire libre.

UNA CURIOSIDAD: busca
a Sarah en al menos diez
escenas de Crepúsculo.
Es la única que sale en
mis cuatro películas.

Pensé que, quizá, Edward podría alardear de fuerza formando con troncos el nombre de Bella.

Algunos de mis bocetos iniciales

Primerísimos planos para sumergirnos en los sentimientos de Bella: fotografía subjetiva, abstracta.

La esencia del film: la tensión se eleva hasta el primer beso.

La piel de Kristen tiene esa luminiscencia mágica que la hace brillar.

¡Aah!

LO CONFIESO: ME ENCANTA EL MUSGO.

Unos árboles magníficos, centenarios: vínculo con la naturaleza.

¿Cómo ha llegado Bambi hasta ahí arriba?

4

SUEÑO DEL BESO BAJO EL AGUA

UN DETALLE:
Llevé esta pulsera «santoral»
durante todo el rodaje, y también
Bella (salvo en tres escenas).
Precio: 2,00$ en el paseo marítimo
de Venice.

5

Una de mis fotos favoritas de la primera
localización de exteriores en Forks: un
bosque verde que se pierde en la niebla...

Localización de exteriores

Saqué esta foto tan psicodélica por la ventanilla del avión en septiembre de 2007, nuestra primera búsqueda de exteriores.

Jamie Marshall, coproductor y primer ayudante de dirección, posa para James en la «comarca» de Washington.

Suelo ponerme a actuar cuando buscamos exteriores. Aquí pensé que Bella y Edward podían hacer equilibrios por los troncos varados en la playa de La Push.

Yo quería un sitio distinto para la escena en que los nómadas matan a Waylon. Dimos con «Kato's Marina» e hice esta siniestra foto «merodeadora». ↘

Estaba buscando exteriores con Beth Melnick el día de Año Nuevo de 2008 cuando de pronto vi los «rayos divinos». Saqué esta foto, que me inspiró en la iluminación de la pradera.

El «Look» de Crepúsculo

Esta foto de La Push la hizo Elliot. En ella se ve nuestra gama de colores: azules fríos, negros muy intensos, grises y la niebla a contraluz.

↑ ¡Nada de -☼- sol en esta peli!

Elliot estudia los «nuevos» exteriores de la pradera, con sus verdes intensos: precioso, pero muy difícil trabajar allí. Piedras resbaladizas y ningún llano donde poner focos o raíles.

Nublado = preciosa luz tenue = lluvia frecuente; hay que proteger la cámara.

Fotografía & Gama de colores

Throw broken mirrors —
like Ninja Stars....

Subject in — through his eyes

Bodies are healing other
and coming at him

In the back —
she thinks she died
she thinks she died.

Dark forms — out of focus —
flying through the light...
Point source — shafts of light...
Blurry out of focus —

forms — — —

Hallation....

Near death experience...

Bodies float in front of him...

Glass RAINS DOWN
explores...

V.O. I died....

Silhouette
flags/hand
glow
flashy
rain-y
diamonds

state

window
glass
crystal....

Elliot Davis, director de fotografía,
ha trabajado conmigo en mis
cuatro películas. Su buen criterio
es legendario, como su increíble
capacidad para filmar planos
subjetivos cámara en mano.
Ésta es una de las páginas
de nuestro primer brainstorm
sobre el posible aspecto del
estudio de ballet.

Elliot «pre-iluminando» el set del estudio de ballet:
preparación de los focos.

Llamé a Melissa Rosenberg, guionista, y le dije: «A que no sabías que hacen surf en La Push. Genial, ¿verdad?». Así que metimos el surf en aquellas escenas.

Volume 77, No. 31

Le enseñé esta foto a Elliot al volver de una localización y nos dimos cuenta de que era un modelo genial para la secuencia de la pradera. Edward podía salir de detrás de la silueta oscura de un árbol para mostrarse a la luz del sol.

PRSRT STD
US Postage Paid
Permit No. 6
Forks, WA

Change
Service
Requested

ECRWSS

KS FORUM

www.forksforum.com

Wednesday, January 30, 2008

'Twilight' director eyes LaPush

Chris Cook photo

"Twilight" film director Catherine Hardwicke boards the Forks Chamber of Commerce's logging tours van Wednesday during a scouting trip to LaPush. Hardwicke is joined by Elliot Davis, the film's director of photography (center), and James Lin, the location director for the filming. At LaPush, below, the director looked over possible filming locations at the mouth of Lonesome Creek at First Beach with co-producer Jamie Marshall, left, and Davis. Logging tour driver Sonny Smith escorted the film crew.

by Chris Cook
Forks Forum editor

"Twilight" film director Catherine Hardwicke scouted First Beach at LaPush on Quileute Tribe lands on Wednesday for location filming of scenes planned for the upcoming screen version of the best-selling "Twilight" book series.

During her scouting at LaPush, Hardwicke said Kristen Stewart, who plays Isabella Swan, the lead female role in the film, and other actors would travel from Portland to film

See TWILIGHT, page 2

Future of Forks Aquatic Center pondered

by Chris Cook
Forks Forum editor

Forging a plan to somehow reopen the shuttered Forks Aquatic Center was the focus of a community meeting called last week by Mayor Nedra Reed and the Quillayute Valley Parks and Recreation District (QVPRD).

"What do we do now?" QVPRD boardmember Sandra Carter asked to open the meeting.

Voters rejected in November by a two-to-one margin the creation of a Metropolitan Park District with junior taxing authority that would have paid for the bulk of the annual cost of operating the pool located inside the aquatic center.

"The failure (of the election) caught me totally by surprise," Carter told the gathering. "I'm still willing to stick it out...I have hope for the future of the facility."

The pool and its building were opened in 2005 and paid for through a voter-approved bond issue that is being paid off into the 2020s.

The QVPRD was forced to close the pool in Sept. 2006 due to a lack of operating funds. The rising cost of propane needed to heat the pool, higher-than-estimated personnel pay and other factors were given as reasons for the closing.

Local residents and business people, and the two remaining board members of QVPRD spent

See POOL, page 3

ving the West End, Forks, LaPush, Beaver, Clallam Bay, Sekiu & Neah Bay since 1930

La Push era alucinante,
aunque acabó costando mucho rodar allí...

13

Pregunta: ¿venden la cabeza de ciervo de esa esquina?

Respuesta: y un cuerno.

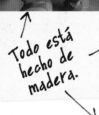

Todo está hecho de madera.

FORKS TIMBER MUSEUM

Dinners

Forks Coffee Shop
241 S. Forks Avenue
(PO Box 1804)
Forks, WA 98331
360-374-6769
www.forkscoffeeshop.co

...d garlic roll

...d

$1
$1
$1
$1
$1

clam st...

Chicken fried ste... $1
Breaded veal $1
*Liver and onion... ...oms $1

Salads

Served with toast or a garlic roll

Cuando mencioné que estaba
trabajando en una modesta
película llamada Crepúsculo,
todos los chicos
¡SE PUSIERON
A GRITAR!

Me enteré de que algunos
lugareños cenaban aquí
todos los días; le mandamos
a Melissa el menú y ella
escribió las secuencias
de las comidas. Sacó
la tarta de mora de
esta lista de postres.

Desserts

Homemade Pies		$3
	Ala mode	$4
Brownie Delight:		
a single brownie topped with ice cream, chocolate syrup and whipped cream		$4
Berry Cobbler		$3
	Ala mode	$4
Ice Cream	Small	$1
	Large	$2
Sundaes:		
Choice of chocolate, strawberry, blackberry, pineapple, or butterscotch		$3

Diane Shostak y sus amigos nos dieron una gran gira turística por Forks.

Si vives en el noroeste, has de tener un OSO tallado en madera...

El departamento artístico copió enseguida este cartel.

Kevin Rupprecht, director del instituto de Forks, nos lo puso todo en bandeja. Al final no rodamos allí por el presupuesto, pero aun así nos ayudó mucho con los anuarios, el periódico, las cazadoras, etcétera. Que conste mi enorme agradecimiento.

¡VICTORIA SALTA AL BOTE!

Posé en esta foto para poder dibujar
una escena del storyboard de Victoria.

PERSONAJES: DESARROLLO
DISEÑO DE PEINADOS, MAQUILLAJE & VESTUARIO

Terciopelo negro y lentejuelas para Victoria.

Wendy se basó en una boa para hacerle a Victoria una capa de borreguillo. →

Wendy Chuck, diseñadora de vestuario. ↑

En busca de la camiseta de Waylon para la escena de la barca. Después de matarlo, Victoria se la pone. «Kiss me, I'm Irish!»

Buscando algo de inspiración para los nómadas.

Kristen llevó esta camiseta mía en la escena del beso. No he vuelto a lavarla (ni a ponérmela). ¿Alguien de E-BAY en la sala?

Peter Facinelli quería que su personaje, el doctor Cullen, llevase una bufanda para tapar la vieja cicatriz de su mordisco. Di con ésta en una tienda de Venice Beach.

Patrick se prueba las cazadoras de Edward.

Obligamos a Patrick Smith y Josh Lee (ayte. postproducción) a posar con posibles vestuarios para la tribu.

¿Alice?
¿Béisbol?

Mis pantalones «rockstar» de Henry Duarte que llevó Victoria.

A LA CAZA & CAPTURA DE IDEAS . . .

Tenía una cazadora de motorista de Sears de los años 40. Ésta fue el modelo para la de James.

BELLA

Kristen
Stewart

Un look
demasiado
ondulado →

Jeanne Van Phue, nuestra jefa de
maquillaje, pidió a su amiga Kathy Shorkey
unas acuarelas con los looks del personaje. En cuanto a
Bella, Kristen tenía una piel pálida preciosa, así que nos
decantamos por un look natural, muy suave. Para encarnar
a Bella, Kristen lleva lentillas marrones.

Así que tomé un vuelo a Pittsburgh, donde Kristen rodaba «Adventureland». Un domingo, su único día libre, ensayamos varias escenas y acabamos persiguiendo palomas por el parque. Cuando volví a ver el vídeo en L.A., supe que había encontrado a Bella Swan.

Mi primer reto era encontrar la Bella perfecta. Stephenie había creado una adolescente introspectiva, con personalidad, pero capaz de un amor profundo. Había visto su breve aunque intensa aparición en «Hacia rutas salvajes» y me impresionaron su profundidad y vulnerabilidad. Cuando está sentada en la cama, en el tráiler, se puede palpar la intensidad de su anhelo y su deseo.

Mary Ann Valdes, jefa de peluquería, supervisó el tinte de Kristen: un castaño oscuro con mechas. Para darle cuerpo, hizo una media peluca que le puso debajo de su propio pelo. También suele llevar una diadema para evitar que se parezca al «tío Cosa» de la familia Addams.

El armario de Bella

Wendy Chuck trabajó con la dibujante Oksana Nedavniaya para crear el look de Bella.

Bella empieza más «masculina» y tapada: abrigos grandes, etcétera.

GAMA DE COLORES DE BELLA

TONOS TIERRA

FINAL DEL FILM

CAZADORA AZUL EN EL ESTUDIO DE BALLET, MÁS ESTILO CULLEN

Quizá éste se lo tomó a Charlie.

Camisa rehecha en verde para el primer día de clase

CROWN BOWLING SUPPLY

Evolución del personaje: conforme Bella se enamora, empieza a vestir más femenina... con motivos florales, más entallada, etcétera.

A Kristen le gustaron algunos pares de tennis usados porque se ven fuertes.

Demasiado frío para ir en tirantes. Wendy dio con esta rebeca vintage en Portland.

Edward *Robert Pattinson*

Vi a decenas de chicos de entre los miles de actores propuestos a nuestros directores de casting. Todos eran guapos, pero tenían un aspecto corriente, no el de un vampiro sobrenatural. Me estaba empezando a preocupar, todo el mundo quería el Edward perfecto. Hablé con Rob por teléfono, en Londres, pero necesitaba verle en persona. Su agente le convenció para que tomara un vuelo a Los Ángeles y se quedara a dormir en su sofá. Vino a mi casa, junto con otros tres finalistas, e hizo una prueba con Kristen. Cuando interpretaron la «escena del beso» en mi cama... bueno, digamos que Rob se llevó el papel.

La acuarela original de Kathy para un Edward con el pelo largo y lentillas marrones. Yo creí que le quedaría bien un pelo largo «eterno», así que Rob se pasó 8 horas sentado y Nicole Frank, ayudante de peluquería, le puso extensiones. A Rob le parecieron HORRIBLES. Al día siguiente, Nicole, Mary Ann y Rob se pusieron a trabajar en el ahora famoso peinado de Edward.

Ya ves, a Rob le queda bien cualquier cosa...

En cuanto consiguió el papel, Rob se trasladó a Oregón y empezó a trabajar su personaje, física y mentalmente. Entrenó 5 horas diarias con un preparador, aprendió a pelear, a jugar al béisbol y a interpretar las escenas de acción (tuvo incluso que aprender a conducir y se sacó un carnet del estado de Oregón). Emocionalmente, comenzó a pensar a fondo en Edward: sus sentimientos de ira, amor, remordimiento, soledad; cómo se sentía uno con una lucha interior como la de Edward.

Wendy hizo una versión corta en verde claro del clásico chaquetón (y no en el negro vampiro tradicional) bajo el nombre «Chaqueta Edward».

Los Cullen juegan al béisbol desde los años 20, así que combinan camisas retro, gorras, etcétera.

GAMA DE COLORES CULLEN

LOS COLORES DE UN LOBO BLANCO.
PLATEADOS, GRISES, BLANCO Y NEGRO.

Ashley llevó una peluca que fuimos cortando hasta dar con su punto.

Ojos oscuros, hambrientos

Ojos color miel, saciados

NOTA: EN EL LIBRO, TODOS LOS CULLEN TIENEN LOS OJOS COLOR MIEL CUANDO ESTÁN SACIADOS, Y OSCUROS CUANDO ESTÁN HAMBRIENTOS. ESTO SUPUSO QUE CASI TODOS LOS ACTORES TUVIESEN QUE LLEVAR LENTILLAS.

Alice
Ashley Greene

En el capítulo 22 de Crepúsculo nos enteramos de que Alice estuvo ingresada en un psiquiátrico en los años 20, así que su corte de pelo lo hicimos irregular y estilo «erizo».

Queríamos que todo el vestuario de Alice tuviera un toque mágico.

Rosalie
Nikki Reed

Color real del pelo de Nikki

Conozco a Nikki desde que ella tenía 5 años. A sus 13 escribimos a medias «Thirteen», y también actuó en ella. Cuando leí Crepúsculo, pensé que Nikki sería perfecta para Rosalie. No le da miedo hablar claro y, cuando la llamé para comentar el papel, me dijo: «Todo el mundo querrá ver juntos a Bella y Edward. Rosalie intenta separarlos, así que me van a odiar. Nada que objetar por mi parte».

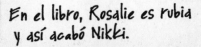

En el libro, Rosalie es rubia y así acabó Nikki.

Nikki es diestra. Aquí la vemos en una prueba de vestuario en los estudios de la Universal. Aprendió a batear como un zurdo porque pensé filmarla desde la derecha.
... Ejem, ejem...

JASPER

*Jackson
Rathbone*

Jackson
también
acabó
rubio...

La mayor
dificultad era
dar a los
Cullen un aire
supersexy
y atractivo y
que aun así
encajasen en
el instituto.

EMMETT Kellan Lutz

medium blue velour
INDIGO NAVY
white stripe
grey/silver velour

in more profile

Nada de retro para Emmett: el superdeportista lleva un chándal de felpa.

Dr. Carlisle Cullen

Peter Facinelli

Hizo una prueba increíble, pero ya se le había ofrecido el papel a otro actor. Peter compró un libro genial de vampiros y me lo envió con una carta fantástica que decía: «Espero que lleguemos a trabajar juntos en otra ocasión». Cuando se torció el calendario del otro actor, miré el libro y dije:

→ «Quedémonos con Peter». Él bromea con que le costó 27,95 dólares conseguir el trabajo.

Peter también se tuvo que teñir de rubio...

Esme *Elizabeth Reaser*

Hacía tanto frío que tuvimos que añadir guantes y un abrigo al vestuario de béisbol de Esme.

EL BLASÓN CULLEN

Oksana dibujó algunas variantes

Éste es un colgante que yo tenía y que usamos de modelo

Cynthia Nibler, atrezzista jefe, retocó los diseños

A   B

La MANO = fidelidad, sinceridad

El LEÓN = fortaleza, ferocidad

El TRÉBOL = perpetuidad

A Wendy Chuck se le ocurrió que los Cullen podían tener algún tipo de blasón del clan: «las alhajas de la familia».

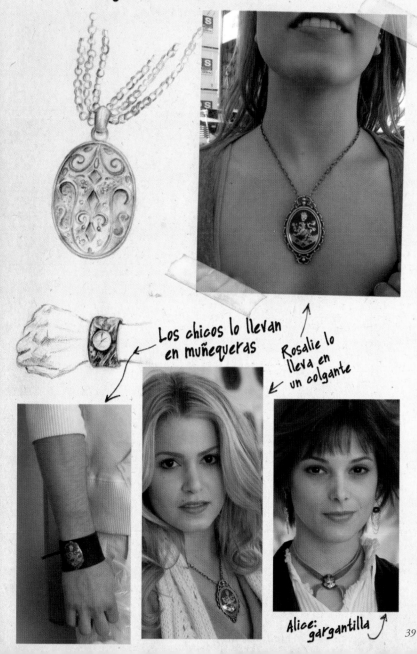

Los chicos lo llevan en muñequeras

Rosalie lo lleva en un colgante

Alice: *gargantilla*

En la prueba que hizo Rachelle, se subió a una silla y me bufó como una tigresa loca

Laurent Edi Gathegi

Edi luce una peluca de rastas y viste en plan eduardiano. Le dio bien al gimnasio del hotel de Portland para poder ir a pecho descubierto.

Estos tíos NO son vegetarianos: los ojos siempre ROJOS (y eso que las lentillas pintadas a mano eran muy molestas... todo por el arte...)

Victoria look #1

Chaqueta vintage de los 70

Victoria
Rachelle Lefevre

JAMES
Cam Gigandet

Look #1

ENVEJECIMOS LOS VAQUEROS
DE CAM AL ESTILO «ROCKSTAR»,
A LA PIEDRA EN LAS RODILLAS
Y LA ENTREPIERNA.

JAMES COLECCIONA
TROFEOS DE SUS
VÍCTIMAS. NOTA:
CHAPA DEL GUARDIA
DE LA ESCENA DEL
ASESINATO EN EL
MOLINO DE GRISHAM.

James se bebe la
sangre de Waylon y
después le quita
la cazadora.

Look #2

LOS
NÓMADAS

Waylon
Ned Bellamy

Victoria le quita
a Waylon la camiseta
que dice: «Kiss me,
I'm Irish».

Look #2 ↘

JACOB BLACK Y LOS QUILEUTE

Taylor Lautner

Gil Birmingham «Billy Black» lleva su propio chaquetón tribal.

El look de Jacob es informal, en plan «no le doy muchas vueltas».

Taylor tuvo que llevar **PELUCA** – no le hacía mucha gracia.

Krystopher Hyatt, un skater de Portland. Solomon y él ya tenían el pelo muy laaaargo.

Solomon Trimble, «el amigo de Jacob», lleva un chaquetón que hizo su madre con una manta Pendleton con la imagen del mito del lobo.

42

LOS HUMANOS

Anna Kendrick, «Jessica», me impresionó con su cadencia tan cómica y su rapidez al hablar en «Rocket Science», aclamada en Sundance.

Mike Welch, «Mike», lleva una cazadora auténtica del instituto de Forks.

PREGUNTA:
NOMBRE DE LA AMIGA DE BELLA.
PISTA: SE MENCIONA EN OTRA PARTE DE ESTE LIBRO Y ES MODELO EN UNA CAMPAÑA PUBLICITARIA MUNDIAL.

Justin Chon, «Eric», apareció en Portland sin la camisa y la corbata tan chulas que llevó puestas en la prueba, y le dije: «¿No te las pueden mandar? Vamos, si fue por lo que te elegí».

Para Anna, por supuesto, fuimos por un vestido para el baile que le realzara el pecho.

Christian Serratos, «Angela», lleva sus propias gafas de nerd.
CONSEJO PARA LOS ACTORES:
¡VÍSTANSE PARA EL PAPEL!

43

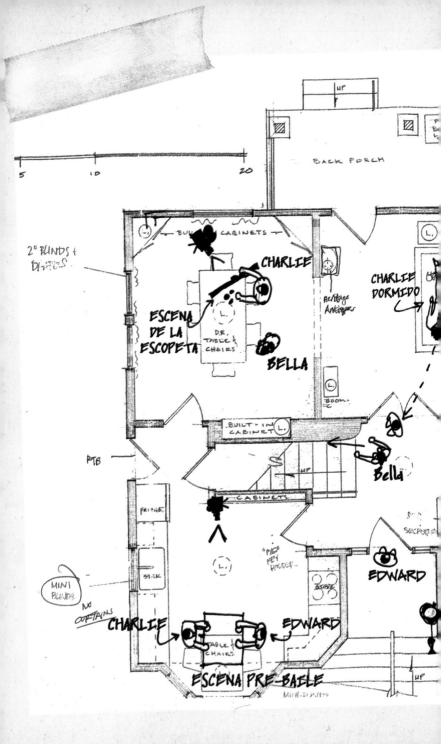

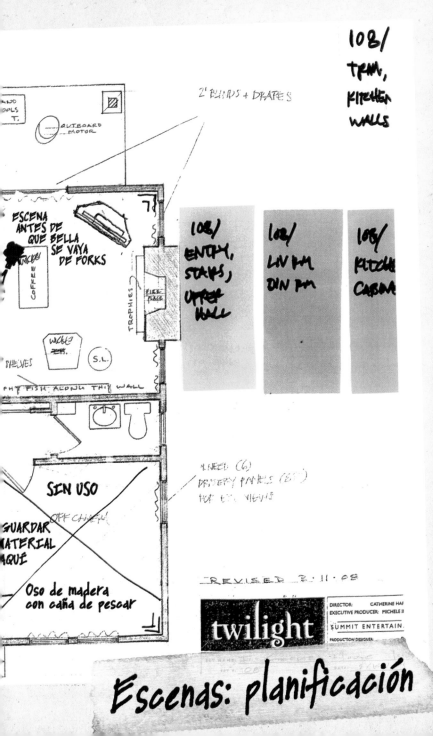

Escenas: planificación

LA CASA DE CHARLIE

Servilletas, vasos desechables y otros suministros a granel.

Nota de C. Hardwicke: llavero con forma de cerdito

Cocina «antes», con notas de Gene Serdena (jefe de decoración).

Cocina «después»

Salón «antes»

Salón «después»

Una de las primeras cosas que sueles hacer para rodar en una casa es pintar ~~lasb~~ más oscuras las paredes blancas. No resulta fácil controlar la luz si se refleja en superficies blancas. El color también realza el ambiente y la personalidad del lugar.

POW!!!

BILLY BURKE DOTA A CHARLIE DEL SECO SENTIDO DEL HUMOR DE UN PADRE QUE LUCHA POR CONECTAR CON UNA HIJA ADOLESCENTE.

EL CUARTO DE BELLA

Bella   Edward

PARTIAL DRESS AS CHANGING ROOM CHAIR

OFF CAMERA

DRESSER & LEG →

DESK

TUB.

SINK

DRESS IN CLOSET & JUNK

OFF CAMERA

CONSTRUCTION OF FILES

CHARLIE'S OLD DESK CLUMBERED & DETAILS

OFF CAMERA

GOODWILL DRESSING

«SETS BAJO TECHO»
Las escenas del cuarto de Bella que conectaban con el hall las rodamos en el set real de la casa de St. Helens. Construimos una réplica exacta del cuarto cerca del campo de béisbol para poder ir «a cubierto» si salía el sol. En ese set rodamos más escenas íntimas.

ANTES

DESPUÉS

Paredes en verde oscuro, un corcho, lámparas chulas.

47

Quise convertir el conflicto interno de Edward en algo visual, por eso se aparta de golpe de Bella cuando su olor se hace demasiado intenso. El doble Paul Darnell atravesaba el cuarto de un tirón con un mecanismo de cables. Llevaba un arnés de seguridad bajo la camiseta y borramos el cable digitalmente.

Este montaje en tres partes mostraba a Edward pasando la noche con Bella, viéndola dormir...

... luchando por estar así de cerca de ella sin matarla...

busca las diferencias

Originalmente, rodamos esta escena en Oregón. En plena filmación del partido de béisbol nos encontramos con que salió el sol, una semana rara de invierno: ¡sol! Así que reprodujimos el cuarto de Bella en un cobertizo y dispusimos de unas pocas horas para rodar la escena del beso. Y Kristen tenía que «ir a clase» entre plano y plano. Resultado: no conseguí rodar al doble ni a Edward pasando la noche, y sabía que el beso nos podía quedar mejor. Así que en agosto lo filmamos de nuevo en un set que montamos en un Elks Lodge de Pasadena. Esta vez, Kristen ya tenía los 18.

quédate muy quieta...

no te muevas

recrear
ARIZONA

¿Sabe alguien pilotar este bicho?

AÑADIR PALMERAS

Y CACTUS

Me fui a Phoenix un día entero para las tomas aéreas.

Yo quería que Bella se llevase consigo un trocito de Arizona.

ANTES

El presupuesto nos obligó a rodar la escena en Valencia, California. Escogí estos exteriores por la vista que se extendía al final de la calle. Pensé que podía ser un inicio «poético».

MI BOCETO
sobre cómo «arizonizarlo»

Rent-a-cactus
NO LO INTENTEN EN CASA

DESPUÉS
EL DEPARTAMENTO ARTÍSTICO HIZO SU MAGIA HABITUAL

Los vecinos se frustraron al no conseguir que les pintaran la casa gratis.

CAFETERÍA

Curiosidades: cuando Rob entra en la cafetería, su hermana, Lizzy Pattinson, canta en la banda sonora.

EDWARD'S ENTRANCE

HUMAN'S TABLE

A J M
B
E

SALAD BAR

Mira qué ensalada más rica te he preparado, Kristen

Guau

Sí, fui yo quien preparó este «arte comestible». Está a su entera disposición para ligar con chicos buenos en el mostrador de las ensaladas.

¡¡¡SORPRENDENTE!!!

¡¡¡ELECTRIZANTE!!!

¡¡¡EL ATAQUE DEL GLOBO

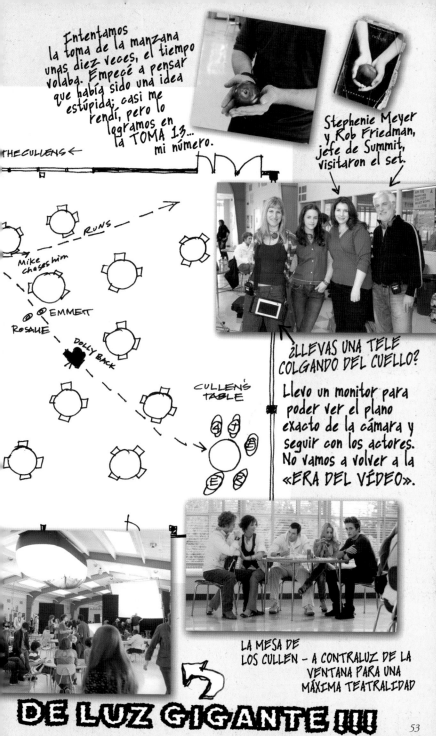

Intentamos la toma de la manzana unas diez veces, el tiempo volaba. Empecé a pensar que había sido una idea estúpida; casi me rendí, pero lo logramos en la TOMA 13... mi número.

Stephenie Meyer y Rob Friedman, jefe de Summit, visitaron el set.

THE CULLENS ←

RUNS

Mike chases him

EMMETT

ROSALIE

DOLLY BACK

CULLEN'S TABLE

¿LLEVAS UNA TELE COLGANDO DEL CUELLO?

Llevo un monitor para poder ver el plano exacto de la cámara y seguir con los actores. No vamos a volver a la «ERA DEL VÍDEO».

LA MESA DE LOS CULLEN - A CONTRALUZ DE LA VENTANA PARA UNA MÁXIMA TEATRALIDAD

DE LUZ GIGANTE !!!

53

LA LEYENDA DE LOS LOBOS

Susan Matheson, diseñadora de vestuario del «RODAJE ADICIONAL», apareció en agosto con la ropa de caza de los Cullen de los años 30 y el vestuario de la tribu.

¿Y CÓMO ME METO YO EN MI PAPEL?

Cinthia Nibler, jefa de atrezzo, encargó unas máscaras de lobo. Reto: encuentra en el libro una foto de la Nibler con una de las máscaras.

¿SERÁ VERDAD QUE LOS LOBOS LAS PREFIEREN RUBIAS?

Me encantó que todos los adiestradores de los lobos fueran chicas: fíjate cómo ha cambiado el cuento desde Caperucita Roja...

JUNTO AL RÍO

LA PARADOJA DE CREPÚSCULO:

CUANDO SALÍA EL SOL,
NOSOTROS PONÍAMOS LA LLUVIA

¿QUÉ?

ENCONTRÉ ESTA ZONA
DETRÁS DE LAS ROCAS MUSGOSAS
A MODO DE «SET A CUBIERTO»
DEL SOL. QUEDARÍA EN PENUMBRA
POR LA TARDE, ASÍ QUE HICIMOS
UNA «CUEVA DE AGUA» CON LLUVIA
FALSA PARA PODER RODAR CUANDO
SALIERA EL SOL.

Me enamoré de estos exteriores sobre el río Columbia. Cuando el coproductor Jamie Marshall y yo nos sentamos e hicimos de Bella y Edward, no me imaginé lo difícil que sería rodar allí. El musgo era tan frágil que una simple pisada lo estropeaba y tan resbaladizo que con un movimiento en falso, alguien podría acabar zambullido en la HIPOTERMIA, así que...

... el equipo de Steve Smith montó plataformas. Esta grande hubo que desmontarla en 15 minutos para conseguir un plano abierto «limpio» precioso antes de que saliera el sol.

57

La MANSIÓN CULLEN

como la casita del árbol...

Beth Melnick, localizadora de exteriores en Portland, dio con esta casa nueva increíble que acababa de construirse un ejecutivo de publicidad. Nos llevamos todas sus obras de arte para guardarlas a salvo.

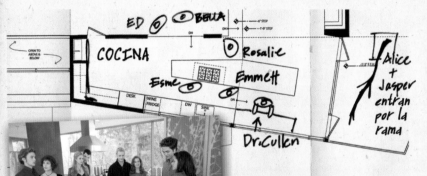

ED BELLA
4" STEP
1'-0" STEP
COCINA
Rosalie
Esme
Emmett
OPEN TO ABOVE & BELOW
DESK WINE FRIDGE DW SINK
Dr.Cullen
Alice + Jasper entran por la rama

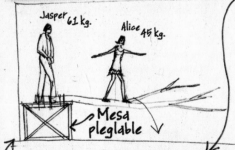

No había escaleras como en el libro y pensé que Alice y Jasper saltasen desde un árbol, pero no podíamos permitirnos el equipo necesario.

Jasper 61 kg. Alice 45 kg.

Mesa plegable

Así que dibujé este esquema y dije: «CLAVEN UNA RAMA EN UNA MESA PLEGABLE, PÓNGANLA EN EL BALCÓN Y LO HAREMOS GRATIS» (casi).

Antes

Esta habitación ya tenía una puerta que daba al vacío...
Perfecto...

¿No hay cama?

Después

Los decoradores pusieron una colección musical (Cds, vinilos, 8 pistas, gramolas, radios) e instrumentos musicales de todo el mundo...

Aquí se oculta el equipo

MÚSICA

Salto

Cuarto de Edward

SOFA

100 años de viajes

¿Birretes de graduación?

Se me ocurrió la idea del «campo de colores», un cuadro de collage hecho con birretes como forma visual de mostrar la cantidad de institutos a los que habían ido. Lo hizo la gente de decorados. Igual que la colección de bates de béisbol antiguos.

RODAJE EN COCHE

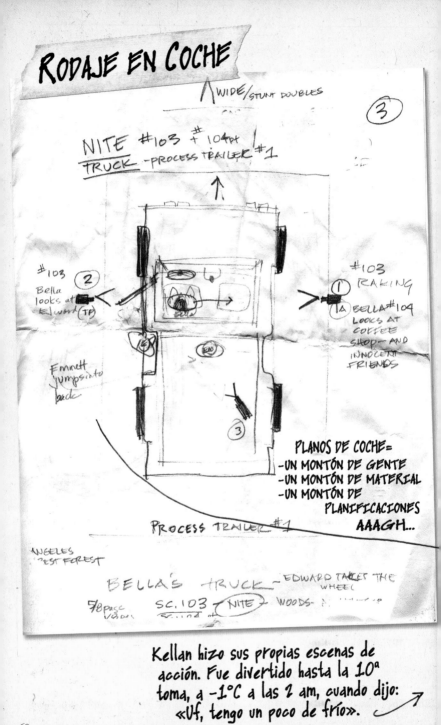

WIDE/STUNT DOUBLES

③

NITE #103 #104pt
TRUCK -PROCESS TRAILER #1

#103
② Bella looks at Edward (TP)

#103 RAKING
① 1A BELLA #104 LOOKS AT COFFEE SHOP— AND INNOCENT FRIENDS

Emmett jumps into back

③

PLANOS DE COCHE=
-UN MONTÓN DE GENTE
-UN MONTÓN DE MATERIAL
-UN MONTÓN DE PLANIFICACIONES
AAAGH...

PROCESS TRAILER #1

ANGELES CREST FOREST

BELLA'S TRUCK — EDWARD TAKES THE WHEEL
7/8 page varies   SC.103 NITE WOODS-

Kellan hizo sus propias escenas de acción. Fue divertido hasta la 10ª toma, a -1°C a las 2 am, cuando dijo: «Uf, tengo un poco de frío».

¡Tic, tac!

Kristen tenía 17 años al empezar el rodaje y las leyes del estado limitan el horario en que puede trabajar un menor, así que a todas las complejas escenas nocturnas les tocó esperar. Su tarta de cumpleaños llevaba un reloj glaseado y decía: «¡BIENVENIDA A LA NOCHE!».

El Volvo va montado en un tráiler. Rodamos bajando por la calle principal de St. Helens, pasada la medianoche.

EL BAILE

Carpa
↓

MOMENTO
DE INSPIRACIÓN: hice esta foto de las colinas verdes con
la niebla y pensé: «Saca el baile del gimnasio, hazlo fuera,
romántico, onírico...» y dibujé la carpa del baile en la esquina.
Encontramos una posada con vistas al río.

MOMENTO DE
INSPIRACIÓN #2:
la posada tenía una habitación
que daba a aquella vista, de
forma que terminamos el film
con Victoria, que observa a
Bella y a Edward...

... tramando su venganza.

BASTA CON AÑADIR NIEBLA

Rodamos una escena nueva en
agosto en la que Jacob se acerca
al baile para advertir a Bella.
Encontramos una casa en
Pasadena que cuadraba con
los exteriores de Oregón.

ANTES

El departamento de decorados construyó un cenador con una base giratoria y el techo de plástico transparente.

DESPUÉS

Elliot Davis, director de fotografía, tenía la idea de un mundo mágico que requería, literalmente, cientos de lucecitas blancas. Y añadimos más, y más, y más...

La FURGONETA

SUPERVISIÓN TÉCNICA

Organización de los planos a cargo de los directores técnicos de la 1ª y 2ª unidad, decorados, transporte, dobles, efectos especiales y visuales.

FORKS HIGH SCHOOL

DECK

Sammy Valdivia, ayudante de coordinación de especialistas, haciendo de Edward.

KALAMA HIGH SHOT LIST 3/18

Sc. 19 & 20 PARKING LOT – Bella exits 1st Day of School
1. STEADICAM back with Bella, heading downstairs past Cullens at their cars, to her truck.
2. INSIDE TRUCK: Bella upset.   CU Rob

Sc. 67 LAWN – Bella confronts Edward
1. WIDE MASTER STEADICAM O/S. Bella's shoulder as she watches students running to classes. Edward enters frame and sees Bella staring. H_____ CAMERA stops STEADICAM follows her approaching him, giving him a "LOOK" _____ _____ the WIDE ENOUGH to see the Cullens enter, and lets Bella walk ri____ ___ to his sisters, then woods.
   1a. Single on EDWARD as she approaches, then staring at her, t_____ turning to go after Bella.

2. LOOKING TOWARD SCHOOL: STEADICAM ON BELLA as people rush around her. She spots Edward – then STEADICAM leads her back as she determinedly walks forward and stops to confront Edward.

3. PROFILE: TWO SHOT of Bella stepping up to face Edward, then crossing past him. ~~covered in a diff. w~~
He turns and follows her, leaving siblings staring..

> Hice listas de planos de todas las escenas.

#53 SUNNY DAY
____ near front entry or in back "yard" near gym.
____ ____ BELLA looking around for Edward, pull

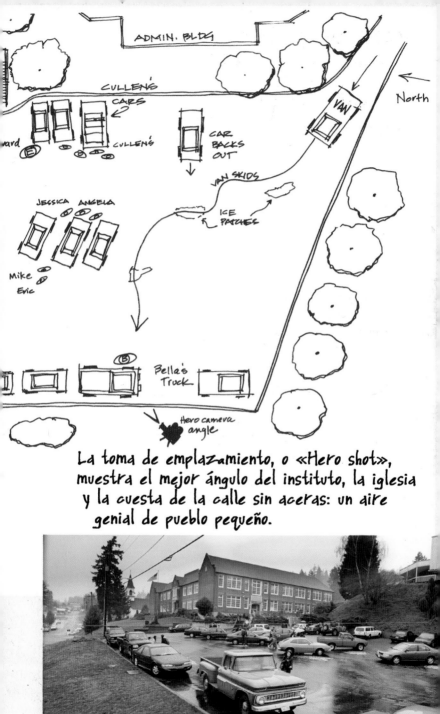

La toma de emplazamiento, o «Hero shot»,
muestra el mejor ángulo del instituto, la iglesia
y la cuesta de la calle sin aceras: un aire
genial de pueblo pequeño.

... Aparece Bella

TILT &
BOOM
- UP

seguimos a la chica
que cruza el
aparcamiento...

Era importante dejar claro que Edward estaba en
la otra punta del aparcamiento, lejos de Bella.

TRACK

90° PAN

TRACK detrás de Bella a través del aparcamiento, ella mira a un lado...

PAN sigue su mirada para ver a Edward y su familia junto a sus coches.

Philip Keller dibujó un storyboard genial del aparcamiento del instituto de Forks. Fue una pena que no encajara geográficamente con el del instituto de Kalama, donde acabamos rodando.

...TRANSI

SLO-MO

... β empieza a
dar bandazos.

Gregory Tyree Boyce

«TYLER» ₽

9

TOMA MÁS
CERRADA.
LAS RUEDAS
DERRAPAN.

Non-Bella shots.   CLOUDY!

Mi jugo matutino
de remolacha

1. WIDE EST. Bella heading to truck (board #1)
1a. B Cam – tight Bella (bd. #3, #5a)

2. OTS Bella to Cullens   (bd #2)   COULD USE BELLA DOUBLES
2a. B Cam – tight on Cullens. (bd #4, 7 car backs up) Bella's POV of Ed.
(bd. #A8 – Tyler driving, reacting)

¡¡ES
SANGRE!!

3. Tyler's POV skidding toward Bella (bd #10)
3a. B CAM tight on Bella. (bd #11)

4. Med. Bella – Ed rushes in & pushes her out of way. (bd#13A)

5. LOW ANGLE – Bella falls to ground (bd #14)

6.   COMBINE INTO TWO SHOT for more Romantic Moment (redraw bd.#16a,17, 18.
19)
6a. B Cam – tight on Bella,
6b. B CAM – tight on Edward reacting to van.

10. SLIDING RIG SHOT – Multiple cameras – van on rig- i

11. Shot on Ed breathing hard, pan down to Bella (bd #23)

12. Bella's POV of Ed – dented van in BG (bd #25)

13. Pan down to Ed looking up (bd #26) (fix)
14. Coverage on Bella looking confused (bd #27)

VAN CRASH
SECOND UNIT talk to Andy
don't me de over Fea

1. WIDE – car backs up, starts the Van fishtail (bd #8)
1a. B CAM - close on Van wheels sliding.
2. Bella double turns and sees van sliding toward her.
2a. Continuation of OVERHEAD shot. (bd #22)
3. HI WIDE GEOGRAPHY showing kids running in. (bd #28)
4. Bella's POV – Edward touches her (bd #15)
5. Over Edward as van fills frame for impact. (bd. #2

No, no tengo un deseo secreto de
ser Bella. Hacía mucho ya que no
contábamos con el dibujante del
storyboard, así que organizamos
un fotoboard y yo, la única chica,
tuve que hacer de Bella.

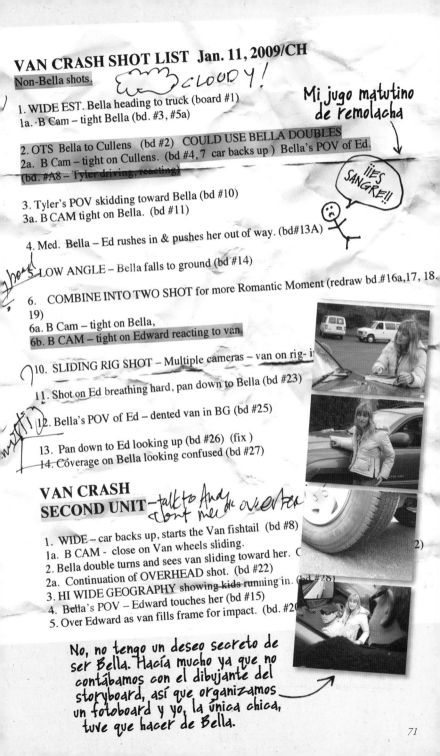

Tú... has detenido la furgoneta.

El equipo de Andy hizo unos paneles de papel de aluminio de quita y pon con refuerzos de plastilina que adoptaban la forma de la mano de Rob en el impacto.

Andy Weder, coordinador de efectos especiales, le quitó el motor a una de las furgonetas y la levantó sobre un chasis con ruedas de skate para que «derrapase» controlando el punto de detención, por seguridad de los actores. Al impactar, se activaba un mecanismo neumático que detenía el vehículo en seco.

RUEDAS DE "SKATE"

BORRADAS DIGITALMENTE

73

1. Sammy Valdivia y yo calculamos
el desarrollo de la acción y
las posiciones finales durante
la supervisión técnica.
NOTA: el «Hero shot» del
instituto estaba alineado justo
entre los dos vehículos.

2. Kristen y Rob,
con arneses de
seguridad, ensayan
los movimientos en
la nave industrial.

 Bella y Edward repiten la acción el día del rodaje.
Las posiciones tenían que ser exactas para cuadrar con
la unidad 2, que rodaría más adelante. La distancia del coche
debía estar planificada con precisión para que el derrape
de la furgoneta no hiriese a nadie, y Rob tenía que alinear
la mano con el panel falso de la puerta.

La PRADERA

¡Mira qué árbol!

Y ese tronco...

Nuestro primer día en Portland, el localizador de exteriores Don Baldwin nos llevó a Oxbow Park: un amor a primera vista.
Musgo, Niebla, Magia.

Rob «Chopper» Hoffman protege el peinado de los actores.

¿Cuánto hace que tienes 17?

Bastante.

Utilizamos una grúa y una
«steadicam» para lograr esos
barridos, los planos hipnóticos...

El jefe electricista Jim Gilson
toma una lectura del nivel de luz.

1. Teníamos unos exteriores espectaculares cerca del río Salmón, con una enorme roca prehistórica para la «revelación» al sol. Trevor Goding hizo el storyboard de la secuencia: unos dibujos geniales con luces y sombras, un efecto de claroscuro de gran contraste...

2. Jamie programó la escena para el final del rodaje y así la hierba estaría verde y las hojas con mucha vida, pero vaya, iba a ser que no. La primavera entró tarde en 2008...

Esto es cosa del Yeti

3. Aún estaba todo cubierto por la nieve a finales de abril ♠☻!?☒☼!

④ Beth Melnick dio con una solución de emergencia: una cantera abandonada y cubierta de musgo: difícil para la logística, pero alucinante.

⑤ La mayoría del storyboard resultó inútil entonces, así que me fui allí un domingo y lo volví a cuadrar todo con los dobles, Logan Welch y Katie Powers.

LEJOS DE ALLÍ, EN LOS EXTERIORES DE SILVER SPRINGS, UN MECANISMO DE CABLES TIRA DE LOS DOBLES DE LA 2ª UNIDAD, PAUL DARNELL Y HELENA BARRETT.

La 1ª unidad no pudo ir a Silver Springs y ésta es una de las 2 únicas tomas en CROMA de todo el film.

A la luz del sol, Edward resultaba impactante. su piel centelleaba literalmente como si tuviera miles de nimios diamantes incrustados en ella... Parecía una estatua perfecta, tallada en algún tipo de piedra ignota, lisa como el mármol, reluciente como el cristal.

18:15. Oscurece. Diluvia. La productora ejecutiva Michele Imperato, agobiada, está al teléfono con Los Ángeles: «No podemos rodar la escena del sol con lluvia». Nos ponemos a recoger con idea de irnos y la lluvia PARA. Las nubes se abren lo justo y el cielo brilla lo suficiente. Conseguimos 45 minutos para filmar la escena crucial. Como dice Patrick, «esto es hacer cine» (es su primera película).

Usamos pantallas para adentrarnos en el bosque y dar luz de relleno. Trajimos la grúa de luces desde Los Ángeles para disponer de un foco de luz intenso sobre Edward.

¡Gracias, Stephenie!

Parece **fácil** ¡PUES NO!

«DIAMANTES INCRUSTADOS EN LA PIEL»
Y «LISA COMO EL MÁRMOL».

Los diamantes brillan por el reflejo de la luz
en sus facetas, pero las facetas en la cara de Rob
parecían un acné terrible. Lo LISO no brilla y centellea.

Tras meses de pruebas y varios viajes a ILM (Industrial
Light & Magic, la compañía de efectos visuales de George
Lucas) creamos este look para Edward al sol. Escaneamos
y trazamos el cuerpo de Rob (calma, chicas) y superpusimos
varias capas de efectos sobre él.

Tendimos un cable desde la raíz del árbol hasta una polea en alto. El equipo de efectos especiales tiró de él a la vez que Rob y lo levantaron por los aires. Después, los de efectos visuales añadieron tierra y polvo.

Como si tú pudieras derrotarme.

—Y de ese modo el león se enamoró de la oveja… —murmuró. Desvié la vista para ocultar mis ojos mientras me estremecía al oírle pronunciar la palabra.

—¡Qué oveja tan estúpida! —musité.

—¡Qué león tan morboso y masoquista!

Encontré esta «cueva» en nuestra búsqueda de emergencia. Los dobles, Katie y Logan, posaron para este plano y, 20 minutos más tarde, Kristen y Rob hicieron la escena de verdad.

ANDY CHENG, DIRECTOR DE LA 2ª UNIDAD, EN EL ENSAYO EN LOS ÁRBOLES.

Nunca llegamos a filmar una «pradera» de verdad en Oregón. Rodamos esta parte de la escena en agosto, en Los Ángeles.

ANTES: UN PARQUE

DESPUÉS

Intentábamos recuperar la intimidad que logramos 4 meses antes, al rodar el resto de la escena.

Imaginen que no hay nadie en 100 km a la redonda.

Justo en pleno recorrido del campo de golf de Griffith Park hay un bosque. Increíble.

Steve Saklad, director artístico, trajo una alfombra irregular de hierba fresca, flores silvestres, helechos y musgo. Rodamos al final del día, en plena «hora mágica», metimos un montón de niebla... igualito que Oregón.

Saludos, terrícolas. Vengo a llevarlos a mi planeta.

La grúa se retira a un plano cenital. Nota: ILM añadió después el efecto «centelleo» de Edward al plano de la grúa.

LOS ÁRBOLES

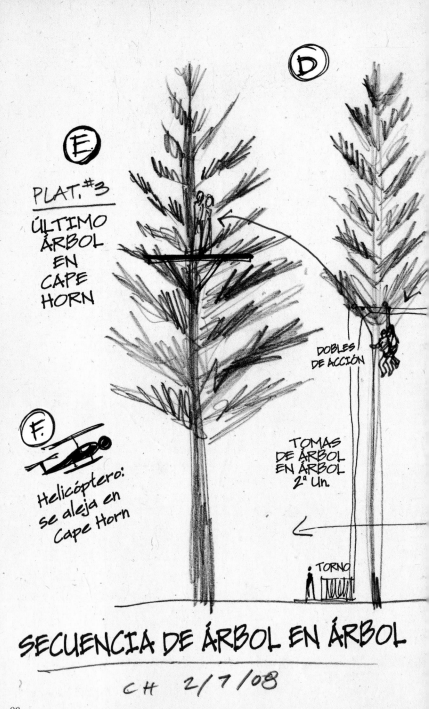

Ⓔ

PLAT.#3

ÚLTIMO
ÁRBOL
EN
CAPE
HORN

Ⓓ

DOBLES
DE ACCIÓN

Ⓕ

Helicóptero:
se aleja en
Cape Horn

TOMAS
DE ÁRBOL
EN ÁRBOL
2ª Un.

TORNO

SECUENCIA DE ÁRBOL EN ÁRBOL

CH 2/7/08

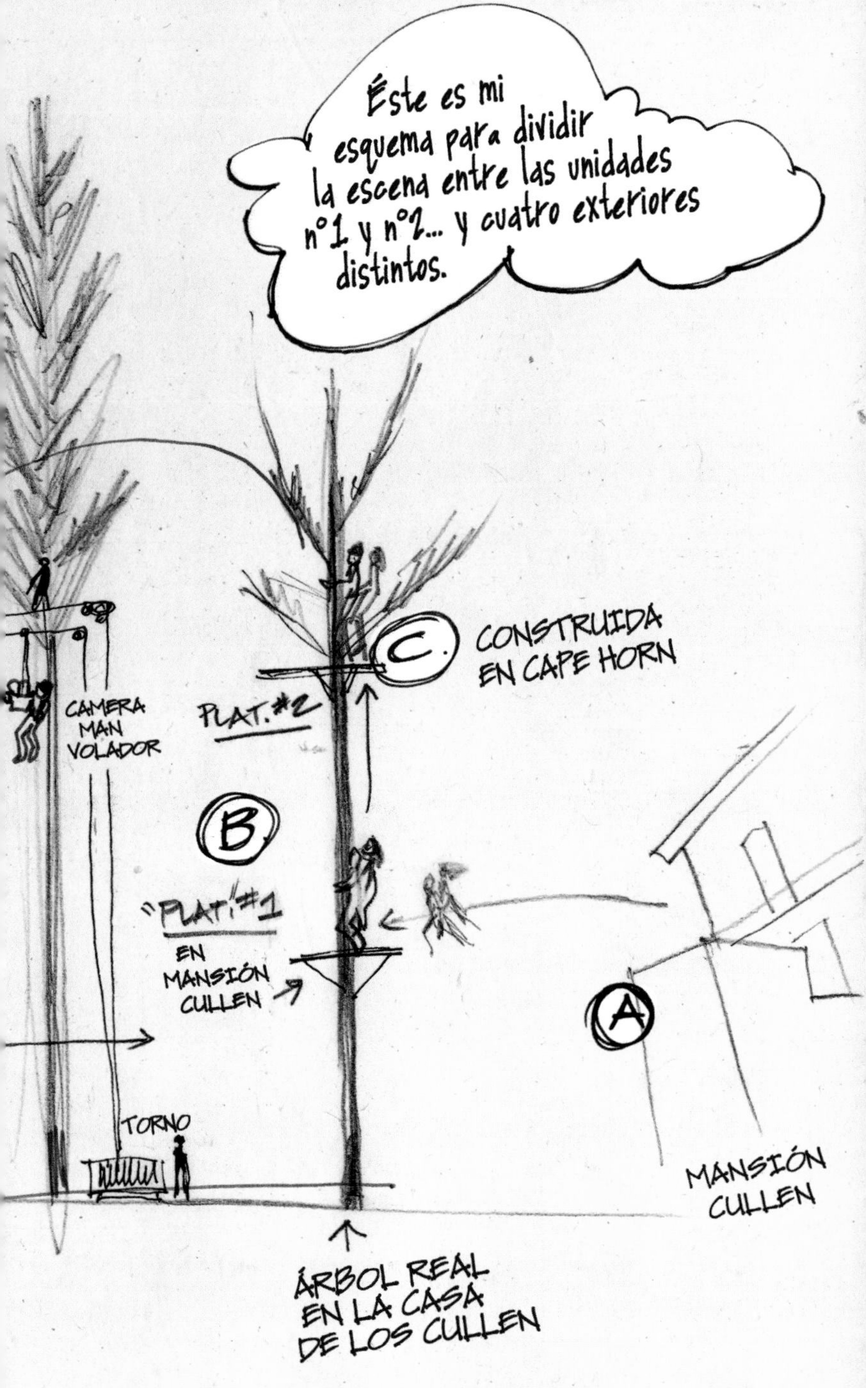
Éste es mi esquema para dividir la escena entre las unidades n°1 y n°2... y cuatro exteriores distintos.
CONSTRUIDA EN CAPE HORN
C.
PLAT. #2
CAMERA MAN VOLADOR
B
"PLAT" #1
EN MANSIÓN CULLEN
A
TORNO
MANSIÓN CULLEN
ÁRBOL REAL EN LA CASA DE LOS CULLEN

No te tengo miedo.

Ⓐ

MANSIÓN
CULLEN

Los dobles, con arneses de seguridad, cuelgan de un cable que va de un árbol de verdad a una torre.

La escena de las copas de los árboles no está en el libro, pero sí la idea. Yo intentaba dar con un modo visual de expresar las sensaciones de euforia y éxtasis de Bella cuando está con Edward.

No deberías haber dicho eso

Una toma de la 2ª unidad con los dobles

B. Plataforma #2

¡Será mejor que te agarres fuerte, mono araña!

La noche antes de rodar la escena se me ocurrieron 10 frases diferentes y Rob eligió la del mono araña.

Seth Duhame (doble) posa con el arnés de seguridad.

¿Confías en mí?

C. Plataforma #3

NUESTRO 2° Y ÚLTIMO
CROMA DE LA PELÍCULA.
LA 2ª UNIDAD RODÓ
LOS FONDOS.

Fotograma clave dibujado por Philip Keller

Los dobles de la 2ª unidad en su «set de vuelo».

Cámara-grúa por control remoto envuelta en plástico para protegerla de la lluvia y la nieve.

Ya no contábamos con ningún dibujante de storyboards...

VIENEN Y VAN, EMBRIAGADOS CON LA
BELLEZA DE LAS VISTAS...

... Y EL UNO CON EL OTRO...

Rob y Kristen
(los de verdad)
en el árbol sin arneses

Grúa de 15 metros con
brazo telescópico y cámara
por control remoto

Copa de
un árbol

Consola de control
de la cámara

Borde
del
acantilado

Plataforma para
los dobles, etc.

Plataforma del equipo

E. Plataforma #3.
Está al borde de
un acantilado sobre
el cañón del río
Columbia.

PLATAFORMA #3
CAPE HORN

... así que éstos los hice yo.

LA CÁMARA ASCIENDE CONFORME EDWARD
AYUDA A BELLA A SUBIR...

... Y APARECE LA VISTA
MAJESTUOSA...

Nota: acolchados de seguridad
mojados, abrigos enormes y MIEDO.

¡Que sí, que están en los árboles!

Los dobles Paul y Helena treparon a este árbol gigantesco y se aseguraron con cables al tronco para protegerse del contratiraje bestial del rotor del helicóptero.

Andy supervisó esta
última toma desde
el helicóptero con
una «space cam» que
montó Huey. Dentro de

la esfera hay una cámara por control remoto estabilizada
con giroscopios y capaz de rodar casi en cualquier ángulo.
Si no me crees, búscala en Google (yo lo hice).

EL PARTIDO DE BÉISBOL

"TWILIGHT" 'Baseball Game no. 2'

Una de las primeras ilustraciones de Marc Vena.

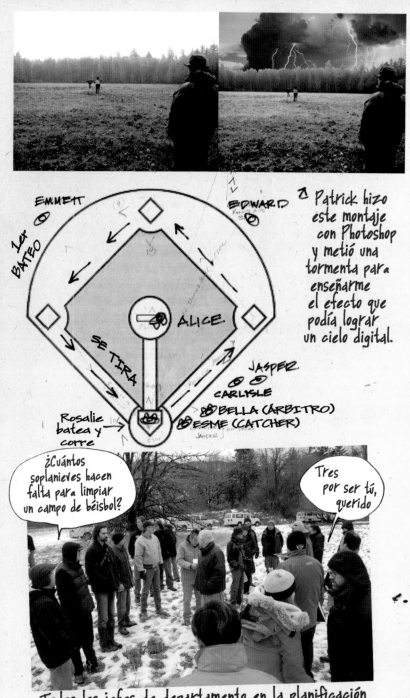

Patrick hizo este montaje con Photoshop y metió una tormenta para enseñarme el efecto que podía lograr un cielo digital.

Todos los jefes de departamento en la planificación técnica para organizar la logística del béisbol.

Rodamos cruzando el río desde la catarata

MULTNOMAH FALLS
COLUMBIA RIVER GORGE
NATIONAL SCENIC AREA

En su momento pensamos rodar el partido de noche. Entonces añadimos el coste de la iluminación... Puff.

1

CIELO NOCTURNO
SOBRE LOS ÁRBOLES
Y RAYOS ENTRE
LAS NUBES...

DESCENDEMOS

... PARA **DESCUBRIR**
EL CAMPO DE BÉISBOL
EN UN CLARO, CON
LA FAMILIA CULLEN
Y BELLA.

Steve Smith, director
de cámara, montó un
«refugio anti-lluvia»
para los primeros planos. ↓

Nuestro primer día en
el campo de béisbol cayó
una tromba: nada bueno
para el maquillaje
y las pelucas de los vampiros.

Hubo que poner casi todos los cielos digitales para conseguir unas nubes de tormenta estables.

Tuvimos lluvia el primer día y sol la semana siguiente, así que cuando por fin se nubló, nos quedaba un día y medio para rodar toda la secuencia.

Ashley
ensaya:

«Es la
hora»

Ashley se
esforzó mucho
para aprender
a lanzar hasta
que un día se
fijó en cómo
ensayaba un
doble y...
FUNCIONÓ.

Nikki trabajó a fondo con el entrenador de béisbol
y menuda bateadora que se hizo.

Hicimos unas tomas de prueba a cámara
superlenta para el bateo de los vampiros.

Rob Friedman, consejero delegado de Summit,
nos sugirió este plano digital estilo «Robin Hood».

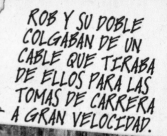

ROB Y SU DOBLE COLGABAN DE UN CABLE QUE TIRABA DE ELLOS PARA LAS TOMAS DE CARRERA A GRAN VELOCIDAD.

Aquí, el mismo torno computerizado controla la cámara y el cable del doble para que se muevan a la par y el actor no se salga del plano.

En el ensayo, Peter sugirió este movimiento a lo «Babe Ruth».

LOS DOBLES SUSPENDIDOS CON CABLES ENTRE DOS TORRETAS.

LA TOMA SIGUE

SE ELIMINAN LOS CABLES, SE SUSTITUYE EL CIELO CON EFECTOS VISUALES.

①

LA TOMA SIGUE

Unidad 2
Quitar cables
cielo digital
POSIBLE RALENTÍ O
CONGELAR EN EL AIRE

Ajustar ángulo
para perderlos de vista al descender
al doctor Cullen.

EL CHOQUE EN LAS ALTURAS

JACKSON NO NECESITÓ ENTRENAMIENTO, YA ERA BASTANTE BUENO.

Al principio pensé en hacer que fuera una de las chicas quien se subiera al árbol, pero cuando apareció Kellan... fue como si TUVIERA que hacerlo él. ➔

LA 2ª UNIDAD USÓ UNA ELEVADORA GIGANTE PARA EL MONTAJE DE LOS CABLES EN LA ESCENA DEL SALTO DEL ÁRBOL.

Cables eliminados
después ⚡

Nikki batea la última
pelota y Alice tiene
una visión:

¡Se mueven muy rápido!

115

Hola, amigos: Bienvenidos todos a...

ALFOMBRA MÁGICA

El cámara, Patrick Loungway, va en la plataforma mecánica, los actores caminan por la alfombra mágica.

TORNO MONTADO EN UN REMOLQUE TODOTERRENO

La alfombra mágica es como un camino deslizante. Las hojas tapan unas láminas de plexiglás de las que tira el torno, un equipo de 8 personas hace que sea posible... y seguro.

Nuestras primeras ideas sobre el aspecto de los nómadas antes de que se convirtiesen en los malvados chupasangre que ya conocemos y tanto nos gustan.

Richard Kidd, supervisor de efectos visuales, hizo que los actores atrapasen bolas de plástico transparente para sustituirlas después.

El doctor Cullen intenta mantener la calma entre los dos clanes.

«Yo soy la de las bolas peligrosas», surgió en un ensayo.

¿Trajeron un APERITIVO?

(sí, es una de mis frases favoritas y la suelto en todas las pruebas cuando hago de James)

el cara a cara — CLAN CONTRA CLAN

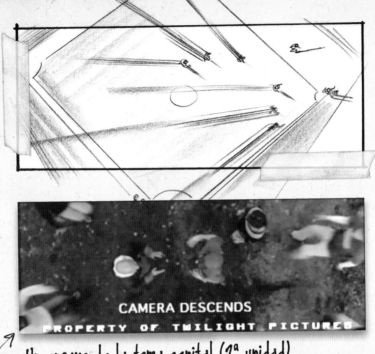

CAMERA DESCENDS

PROPERTY OF TWILIGHT PICTURES

Un ensayo de la toma cenital (2ª unidad)

NÓMADAS

LOS CULLEN

¿Cómo se junta a diez vampiros rápido si no tienes mucho presupuesto? Nos dimos cuenta de que podíamos acelerar los planos cenitales sin que pareciese una peli de cine mudo.

un día típico:

El equipo está en posición. Nos queda media hora de luz y ocho tomas según mi programa. Los 11 actores acaban de llegar del campamento base en furgonetas y por fin estamos listos para rodar. Suenan las palabras mágicas: «Cámara...», pero antes de poder decir «acción»:

Espera, se me mueve la peluca

Perdón, tengo que cambiar la batería de la cámara

¡Demonios, las lentillas!

Me voy al servicio de señoras

¿Podemos ponernos los zapatos? Me estoy congelando

Para mí que debería gruñir más

Elliot, hemos perdido un stop de luz

Se me ha caído el guante, ¿se ve?

A Kristen le quedan 40 minutos de clase, hay que poner al doble

Pues hoy no ha venido

El cielo se oscurece
gradualmente a lo largo de
la escena y la persecución
se produce de noche.
La 2ª unidad hizo el loco
con el Jeep por el bosque.

Ilustración inicial de Marc Vena

el ESTUDIO DE BALLET

CÓMO MATAR A UN VAMPIRO

DOOR EXIT

ARCH

AM1 MASTER

JAMES FLINGS EDWARD

Algunos de mis primeros bocetos

B. BREAKAWAY COLUMN
W. WILD COLUMN

0 5 10   20

SET EN
CONSTRUCCIÓN

Nota: suelo ↗
levantado
para la escena
de la tarima.

MASTER

IN PROGRESS

MODELO EN 3D DEL SET

El estudio de ballet se
construyó en un almacén
de Portland. Se metieron
60 poleas y 4 tornos
para hacer toda la escena
de acción con cables.

5

PUNTOS VITALES

PARA RODAR EN
UNA SALA LLENA DE

espejos:

1. NO LO HAGAS.
   En la toma sale todo.

2. Si aun así decides hacerlo, antes tienes que ver «La dama de Shanghai» y «Operación Dragón».

3. NOTA PARA EL EQUIPO: pueden huir, pero no esconderse.

4. Si ves algo mal en el metraje diario, puedes intentar eliminarlo con el ordenador (si tienes dinero).

5. Vístete para la toma. Dave Galbraith, 1er ayudante de cámara, luce el modelito «ninja». Yo muestro una idea nueva: la capa de espejos.
   (Nota: no funcionó).

EN ESTA VIÑETA DEL STORYBOARD NO SE VE LA CARA DE BELLA, JAMES SALE MUY PEQUEÑO EN EL PLANO Y LA HACEN LOS DOBLES, ASÍ QUE ES UNA TOMA DE LA 2ª UNIDAD.

EN ÉSTA SÍ SE VE LA CARA DE BELLA, ASÍ QUE ES PARA LA 1ª UNIDAD.

CRACK!

BAM!

EDWARD

Estuvimos dos semanas preparando el set antes de rodar. El equipo de efectos tenía que organizar la rotura de los cristales y había que montar tornos y poleas.

WHIP-PAN

Las tomas de ambas unidades se deben planear con cuidado de manera que encajen cuando se haga el montaje.

¿**7 AÑOS** de mala suerte? Probamos seis tipos de cristales rotos en los espejos: diferentes grosores, con trasera de papel, templado, etcétera. En esta escena, James golpea a Edward contra un «cristal de caramelo».

Tuve que organizar todos los fragmentos sobre el doble de James porque rodamos el «resultado» antes que la propia escena.

Los actores ensayan con el equipo de dobles detrás del set del estudio de ballet. Rodamos primero esta escena, de forma que resultó una dificultad para los actores, tanto emocional (en términos de evolución del personaje) como físicamente (la coordinación con los dobles y la rotura de los espejos).

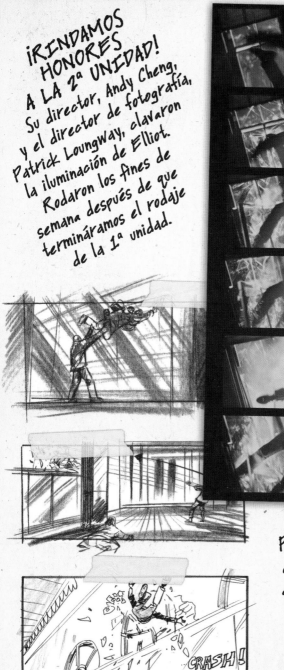

¡RINDAMOS HONORES A LA 2ª UNIDAD!
Su director, Andy Cheng, y el director de fotografía, Patrick Loungway, clavaron la iluminación de Elliot. Rodaron los fines de semana después de que termináramos el rodaje de la 1ª unidad.

Paul colgaba de un cable al atravesar la ventana.

CRASH!

PEGA AQUÍ LA FOTO DE EDWARD QUE MÁS TE GUSTE.

En el libro no se describe la pelea porque Bella está inconsciente por el veneno, así que Andy y yo lanzamos ideas que siguieran las reglas de Stephenie. Pensamos que los vampiros intentarían destrozarse, no golpearse, porque eso no les haría daño. Imaginé que cuando James mordiera a Bella, Edward se enfadaría tanto que sacaría su parte «animal» y se lanzaría, estrellando a James contra el suelo.

¡BOMBA VA!

Levantamos el set a 50 cm del suelo para dejar espacio a los raíles. Los actores y los dobles se movían sobre un mecanismo como un patinete.

¡Sí, los dobles se ganaron el sueldo con esto!

Tarima de madera de balsa rompible.

DOLLY/PAN

Después de ver los «dailies», el metraje del día, pedí al equipo de efectos visuales que añadiese trozos de madera volando hacia la cámara. ¡BOOM!

Ilustración inicial de Marc Vena

"TWILIGHT"   "Ballet Studio no. 1"

. C/U of Edward & James plowing thru last bit of the floor into BREAKAWAY
umn and BREAKAWAY MIRROR. (or whatever piece is possible/safe) (time
mitting)

1. TWO SHOT at column Edward lifts James

← 1st UNIT-NO BELLA

Mis listas de tomas tenían un código de colores. El azul para las tomas sin Kristen, pues al ser menor durante ¾ del rodaje, sólo podía trabajar 5½ horas diarias.

.... Bella is
dward throws James
lumn – end   ith James slumped to ground

G2- G9 OMIT

G10. TWO SHOT – PROFILE   king toward arch)Edward p
PRE-BROKEN REPLACEMENT PLASTER   They try to bite each
G14. OTS Edward as he bites James an   JAMES
G15. SHOT of Edward rips off a piece of

G11/12 Bella screams.... SWISH PAN over
starting to bite James.
G16. Close on Bella shocked.. reacting to

G13 Over Bella onto Edward as he bites James. (flip the storyboard)

START 8:15 -6:45 Bella gone

G17 OMIT   en becomes

Rob y Cam querían «improvisar» y hacer esta parte de la lucha a «estilo libre», sin coreografía, ENCARNIZADA...

H6. (Pick up from
rushes to her.. Alic

H5a. TIGHTER THREE SHOT on siblings
three shot or over Bella.   B CAM?   (Photo storyboard)
              three Cullen siblings jumping off balcony and run toward do
                         2nd UNIT

... así que Elliot agarró la cámara y se dejó llevar por los actores: a pulso, al estilo «Thirteen».

137

El maquillador Rolph Keppler nos muestra sus habilidades con las cicatrices.

Era tarde, de noche, cuando rodamos el salvaje mordisco final. Nos dimos cuenta de que no teníamos ninguna «piel» y le pegamos un buen meneo al servicio de catering, como ven aquí.

MAQUILLAJE CASERO

1 Usar guantes higiénicos o lavarse las manos a fondo. Sacar el queso del envase y desechar este último.

2 Colocar el queso en un plato, meterlo en el microondas a baja potencia y ponerlo en marcha.

3 Dejarlo unos 45 segundos o hasta que el queso se ponga gomoso. Los tiempos pueden variar.

4 El queso estará **MUY CALIENTE**. Dejar enfriar a temperatura ambiente. Limpiar la zona deseada y aplicar con arte. ¡Disfrútenlo!

JAMES EDWARD DR. CULLEN

A estas alturas de la primera escena, yo sentí que Edward había profundizado más en su violenta naturaleza animal; se alejaba más y más del humano compasivo conforme mordía frenético a James. Es entonces cuando Carlisle interviene para recordarle su verdadera forma de ser. Edward detiene el ataque, vuelve a hacer caso a su corazón y se va a salvar a Bella.

Diseño original con la cúpula de cristales, antes de enterarme de que habría que llenar el techo de cables y poleas. →

Llega la caballería: Kellan, Ashley y Jackson se pusieron los arneses y a volar.

QUEMEN LOS TROZOS

El fuego, de propano, se hizo en una base metálica triangular con 3 barras de quemadores. Sólo pudimos tenerlo encendido 45 segundos por el aumento del calor.

EDWARD SUCCIONA EL VENENO DE LA MANO DE BELLA

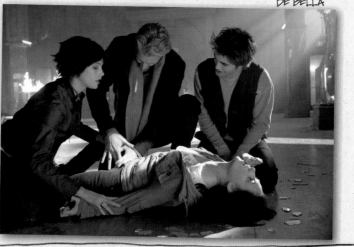

AVISO A LOS ASPIRANTES A CINEASTA:

Al no disponer ya de dibujantes de storyboards, éstos los hice yo.

MI IDEA FAVORITA: ALICE LE ARRANCA LA CABEZA A JAMES. ¡Grr!

EL FUEGO ESTUVO BAJO LA SUPERVISIÓN DE PROFESIONALES, QUITAMOS PANELES DEL TECHO, Y EL JEFE DE BOMBEROS SE HALLABA PRESENTE POR MOTIVOS DE SEGURIDAD.

El veneno le sube por el brazo al torrente sanguíneo.

Esto no me cuadra

...zoom hacia tus ojos y sentimos el dolor, oh, qué intenso...

Es impresionismo puro, Judy...

¿Cuándo comemos?

Mientras rodábamos esta escena en la que Edward le salva la vida a Bella filtrando el veneno de su sangre, Kristen y yo nos miramos: creo que nos dimos cuenta a la vez de la profundidad emocional de este momento para Bella.

LA MUERTE ES ALGO TRANQUILO. FÁCIL.

Yo quería rodar una secuencia de un sueño bajo el agua para la «muerte» de Bella, pero la rechazaron por el presupuesto y trabajé con P.I.C., nuestra compañía de titulación artística, para crearla a partir de escenas que ya habíamos rodado... casi como si Bella viese pasar flashes de su vida ante sí.

MÚSICA

La banda sonora

Las 2 canciones de Rob: Kristen y Nikki no paraban de hablarme de las canciones de Rob y de su voz, pero él nunca me dejaba oírle cantar. Su «Mañana te traigo un CD» acabó siendo 2 meses. Por fin le convencí de que viniese al estudio que tiene mi amigo Karl Leiker en su apartamento de Venice y grabara algo. Se sentó en una silla baja japonesa en un cuartito y cantó y tocó la guitarra — todo en la misma pista... 6 temas...

Las canciones de Rob eran directas, emocionales. Adam Smalley, editor musical, las probó con las imágenes. «Never think» quedaba preciosa en la escena del restaurante, pero «Let me sign» daba mucha más fuerza a la escena de la muerte de Bella en el estudio de ballet. Rob lo vio claro y se metió en los Bright Street Studios a grabar las canciones con un violonchelista y Adam, Karl y Kenny Woods a los teclados.

Ver a Rob grabar fue uno de mis días favoritos. Cantó los temas docenas de veces, pero no hubo dos tomas iguales. La música parecía fluir de algún lugar profundo de su ser.

Así escogimos los temas
de la banda sonora

Paramore

1. Empezamos con la lista de Stephenie. De ahí salieron Muse, Radiohead, Linkin Park y Collective Soul.

Haley de visita en la sala de edición

2. Alex Patsavas, supervisora musical, pasa un montón de temas a la sala de edición.

3. Nancy Richardson, editora, monta escenas con las canciones para ver cuáles pegan. Algunas de sus primeras elecciones, como la de The Black Ghosts del principio, llegaron hasta el montaje definitivo.

4. De vuelta en L.A., Nancy, Adam y yo trabajamos como locos en busca de los temas idóneos para la emotividad de cada escena. Por ejemplo, no se puede poner una letra marcada en medio de un diálogo importante.

THE TWILIGHT SONG — PARAMORE ♡ Hey!

HOW CAN I DECIDE WHAT'S RIGHT WHEN YOU'RE
CLOUDING UP.. MY MIND. I CAN'T WIN YOUR LOSING FIGHT
ALL THE TIME.
HOW CAN I EVER OWN WHATS MINE WHEN YOU'RE
ALWAYS TAKING SIDES. BUT YOU WON'T TAKE AWAY MY PRIDE
NO NOT THIS TIME

chorus
HOW DID WE GET HERE? I USED TO KNOW YOU SO WELL
HOW DID WE GET HERE? I THINK I KNOW

THE TRUTH IS HIDING IN YOUR EYES AND ITS
HANGIN ON YOUR TONGUE, JUST BOILING IN MY BLOOD
BUT YOU THINK THAT I CAN'T SEE
WHAT KIND OF MAN THAT YOU ARE. IF YOU'RE
A MAN AT ALL. WELL, I WILL FIGURE THIS ONE OUT
ON MY OWN.

→ IM SCREAMING I LOVE YOU SO
→ BUT MY THOUGHTS YOU CAN'T DECODE

chorus
HOW DID WE GET HERE... (CHORUS)

DO YOU SEE WHAT WE'VE DONE? WE'VE GONE
AND MADE SUCH FOOLS OF OURSELVES.

CHORUS HOW DID WE GET HERE? I USED TO KNOW YOU SO WELL
HOW DID WE GET HERE? I THINK I KNOW

THERE IS SOMETHING I SEE IN YOU
IT MIGHT KILL ME
BUT I WANT IT TO BE TRUE

Letra de Haley para «Decode»

Alex Patsavas →

5. Alex alcanza un acuerdo discográfico con Atlantic. Haley, de Paramore, Mute Math y Perry Farrell visitan la sala de edición y hacen unas remezclas especiales de sus temas.

6. En el último momento, todo se une en nuestro álbum.

Perry Farrell y Etty Lau Farrell

Mute Math

TREETOPS
OFF A MINOR
TWILIGHT

Los Acordes

♩=9
Am9

Notas de mi primera
conversación telefónica
con el compositor. ↝

♪ CARTER BURWELL ♪

Vampirism metaphor — a way of describing adolescence so well
what will it look like.

SPEED — MOVING FAST — cool slow movement
life span... time ⊥
+ SOUND COMES WITH THEM
slo...... speed..... RATCHET UP IN SPEED
10 X faster - unique!

Right sketches fast - synth sketches
melodies...

Suite of Music — its own music world
struggle for intimacy - over obstacles

way its recorded — suggest it extreme closeness
(instrument — electronic — so dry 1" away from the
mike — not a reverberative space....
uncomfortable sense

LONDON CALLING

Adam Smalley y yo quedamos con
Carter en Londres para la grabación.

I've made
several trips to
the junkyard to
get some bits 'n
bobs for this for
Carter. I had a large
cowbell made.

predator
BIG! FAT Gong....

speed
crunchy
not to syncopated

wanto add some
metal ?

Carter Burwell dirige la orquesta
londinense de los Air Lyndhurst
Studios fundados por «el quinto
beatle», Sir George Martin, en el
interior de una iglesia construida en
la década de 1880. Allí han grabado
Radiohead y otros grupos increíbles...

♫ BELLA'S LULLABY ♫

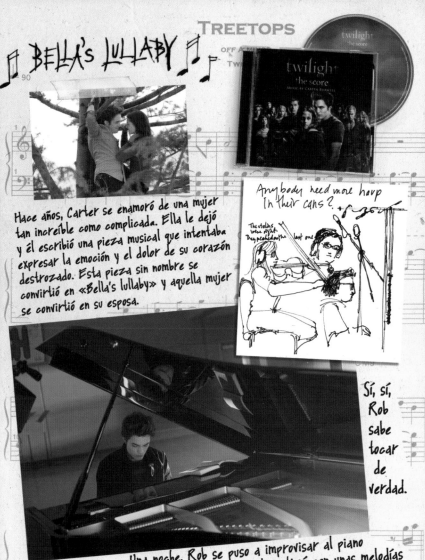

Hace años, Carter se enamoró de una mujer tan increíble como complicada. Ella le dejó y él escribió una pieza musical que intentaba expresar la emoción y el dolor de su corazón destrozado. Esta pieza sin nombre se convirtió en «Bella's lullaby» y aquella mujer se convirtió en su esposa.

Anybody need more harp in their cans?

The violins were right. They peaked on the last one.

Sí, sí, Rob sabe tocar de verdad.

El hijo pequeño de Wyck dijo: «Papi, quiero ver al vampiro tocar el piano».

Una noche, Rob se puso a improvisar al piano durante hora y media; nos hipnotizó con unas melodías evocadoras. Algunas mujeres hechas y derechas hasta lloraron.

La mezcla final: trabajamos en los Wildfire Studios con la mezcla final del sonido. Aquí es donde equilibramos todos los niveles, música, efectos de sonido y diálogo...

TUESDAY, AUGUST 12, 2008

EFECTOS VISUALES

LA CAZA DEL CIERVO

El doble salta sobre una colchoneta en Silver Springs

+

Un ciervo de verdad salta un tronco en Silver Springs (unos chicos ya mayorcitos lo perseguían)

Richard Kidd, nuestro supervisor de efectos visuales, fundió las dos tomas.

Se hizo un modelo 3D del ciervo para darle más «contoneo» a los cuartos traseros al final de la toma.

BOSQUE VIRTUAL

La compañía de RICHARD KIDD, Catalyst Media, creó el entorno del bosque virtual para realizar una fotocomposición en 3D con haces de luz volumétricos, el ciervo real, el ciervo 3D y una de las planchas del doble.

Diseño inicial de Darek Sonnenburg. Supervisión de la fotocomposición de Wolf Machin.

ALGUNAS IDEAS
NO FUNCIONAN,
SIN MÁS
Y ÉSTA ES UNA DE ELLAS.

UNA CABEZA DE CIERVO MONTADA EN UNA BICICLETA QUE SALTA POR UNA RAMPA.

... sonaba bien sobre el papel.

Nancy Richardson y yo vimos que hacía falta una toma de emplazamiento del instituto para la escena del día de lluvia.

ANTES

DESPUÉS

AÑADIDO: NUBES DE TORMENTA, RAYOS Y LLUVIA.

«Capturamos» un fotograma del vídeo y añadí mis notas. Después, Petra Holtorf-Stratton, productora de efectos visuales, exprimió el presupuesto para meter una toma más.

CIELO: SUSTITUCIÓN
- AÑADIR NUBES DE TORMENTA
- AÑADIR RAYOS
- ELIMINAR CABLES

DESPUÉS

busca las diferencias

CONFESIÓN:

MI FORMACIÓN EN ARQUITECTURA HIZO QUE NO PUDIESE EVITAR UN LEVE RETOQUE DIGITAL EN EL PAISAJE Y LA CASA, INCLUSO EN ÉSTA TAN MARAVILLOSA. DESPUÉS, CUANDO ESTABA LEYENDO «AMANECER» DURANTE EL PROCESO DE EDICIÓN, PENSÉ: «ESTA CASA SUENA MUCHO MÁS GRANDE, SOBRE TODO EN LA ESCENA DE LA BODA. SERÁ MEJOR QUE LE AÑADA OTRO PISO».

RECALCULANDO...
RECALCULANDO...
RECALCULANDO...

Nuestro camión de suministro de agua sufrió un pequeño percance camino del set...*
*El conductor salió por su propio pie.

CAUTION
SLIPPERY
WHEN WET

Menuda suerte
rozando el desastre...

EL PEOR DÍA

1er PUESTO

HUBO QUE ENVOLVER TODO EN PLÁSTICOS Y AUN ASÍ CAYERON DOS MONITORES DE LA «STEADICAM». EL EQUIPO SE QUEDÓ SECANDO EL MATERIAL EN UN HOTEL HASTA LAS 4 DE LA MAÑANA.

TENÍAMOS QUE CAMINAR 1,5 Km POR PIEDRAS RESBALADIZAS Y CARGAR CON EL EQUIPO A CUESTAS. NO HABÍA MUY BUENAS CARAS.

UNA LLUVIA HORIZONTAL

Se suponía que esta escena transcurría junto a una fogata en la playa, pero nadie iba a seguir rodando allí, así que lo trasladamos a zonas más secas.

GÉLIDAS TEMPERATURAS

Pensé que podíamos trasladar las escenas al interior de la furgoneta de los surferos, al menos las chicas se echarían unas mantas y andarían calientes. Fui corriendo por el parking preguntando al resto de surferos si podíamos usar sus furgonetas como cortavientos.

REPITE CONMIGO: **UN TIEMPO DE PERROS**

Wyck, los actores están helados, el equipo amenaza con rajarse y la tienda comedor se ha volado

Sigue rodando

CRAIG CANNOLD, SUPERVISOR DE PRODUCCIÓN, Y WYCK GODFREY, PRODUCTOR.

Sammy hace de Edward una semana antes de rodar, en la planificación técnica.

No se preocupen, en abril ya no habrá nieve...

VR VTO82   AT 05:32:15:28

??639797 8455+04

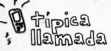

típica llamada

de Michael Viglietta, 1er ayudante de la 2ª unidad: «Te estoy intentando sacar esa toma exterior para el baile, pero no hemos conseguido el Volvo y está nevando mucho».

CASINO MONTE-CARLO

A menudo, el cielo se oscurecía y de repente...

granizo

-5°C

TIRITABAN HASTA LOS PINGÜINOS

Ojo al tamaño de los abrigos que llevaban Kristen, Rob y el resto del equipo.

157

Pasamos por lluvia, nieve, aguanieve, pero lo conseguimos y la película salió a recorrer mundo...

Gracias a...

DISEÑO DEL LIBRO
Susan Burig
David Caplan
Zach Fannin
Ben Hardwicke
Catherine Hardwicke
Jamie Marshall
Nikki Ramey
Amanda Rosa
Patrick Smith
Megan Tingley

COLABORACIONES
Gilles Bensimon
Dan Bishop
Carter Burwell
Andy Cheng
Wendy Chuck
Elliot Davis
Shepherd Frankel
Trevor Goring
Philip Keller
Richard Kidd
Bruce Lawson
Patrick Loungway
James Lin
Beth Melnick
Oksana Nedavniaya
Deana Newcomb
Cynthia Nibler
Irene Hardwicke Olivieri
Alex Patsavas
Ian Phillips
Chris Ryan
Erin Schneider
Gene Serdena
Kathy Shorkey
Peter Sorel
PIC Agency
Dpto. Artístico de *Crepúsculo*
Jeanne Van Phue
Marc Vena
Deverill Weekes
Venice Paparazzi

MUY ESPECIALMENTE A
Stephenie Meyer
Kristen Stewart
Robert Pattinson

**MI INMENSA GRATITUD
AL EQUIPO DE SUMMIT**
Rob Friedman
Patrick Wachsberger
Bob Hayward
Erik Feig
Nancy Kirkpatrick
Vivian Mayer
Andi Isaacs
Amy Tillman
Geoff Shaevitz
Gillian Bohrer

GRACIAS A

Melissa Rosenberg
Karen Rosenfelt
Greg Mooradian
Wyck Godfrey
Mark Morgan
Ken Kaplan
Stephanie Ritz
Nick Frenkel
Rowena Arguelles
Bebe Lerner
John Peed & Nicole Dietrichs -
Cold Open
Chris Cook - Periódico *Forks
Forum* - (www.forksforum.com)
Lori Kelso - Forks Coffee Shop
Kevin Rupprecht - Forks High School
Diane Schostak - Olympic
Peninsula Visitor Bureau
Tim Tasker - TGT Stickers
Editors Guild Magazine
Julie Jackson - Jackson Shrub

¡Esperen! Hay más...
Según termino estas notas
me voy acordando de tantos
otros que ayudaron a hacer
la película, cada uno a su
manera, única; revisen los
créditos: actores y equipo;
toda esa gente SE DEJÓ LA
PIEL. Pero fueron nuestros
increíbles fans quienes nos
alentaron todo el tiempo.

Con cariño para todos,

Catherine

ART © CATHERINE HARDWICKE:
All text hand lettered by CH., P. iv-v, P.
vi-vii centerfold photo P. 4-5 notes lt, centerfold photo; P. 6 all art. P. 7 sketch. P. 8
all photos and sketches, P. 9 mid lt, bot lt,
bot rt photos, P. 10 bot lt photo, P.12 mid
lt and mid rt photos P. 13 top lt notes, bot
rt photo P. 14 all photos, P. 15 mid & bot
photo, P. 16 top rt photo, P. 17 top & mid
photos, P. 18 bot lt. sketch P. 20 two top rt
photos, top lt photo, P. 30 bot rt photo, P.
32 bot lt photo, P. 33 top rt photo, P. 37
bot sketch P. 39 top rt photo, P. 47 mid lt
photo, P. 50-51 top & mid centerfold
photos, P. 52 bot rt photos, P. 58 bot lt
sketch bot rt photo, P. 59 top lt photo, P.
60 sketch, P. 62 top lt/rt, mid lt photos, P.
63 top & bot mid photo, bot lt sketch P.
66-67 centerfold floor plan, P. 71 sketch P.
80 top lt & bot rt photos, P. 81 top lt/rt
photos, P. 85 rt vertical series, mid lt
photos, P. 86 top lt photo, P. 90-91 centerfold sketch, P. 94 mid rt photo, P. 98 top
two sketches, P. 99 top two sketches, P.
105 mid sketch, top two photos, P. 106
bot lt photo, P. 122 bot rt sketch, P. 124
bot lt & mid sketches, P. 125 top rt photo,
P. 130 bot rt photo, P. 138 top rt photo, P.
139 top sketch. P. 140 mid sketch, P. 141
top sketch, P. 144 bot rt photo, top lt
sketch, P.146 all art, P. 147 mid rt sketch,
bot rt photo, P. 153 bot rt photo P. 156 top
photo, P. 160 mid rt, bot, P. 161 bot lt
photo, P. 161 top lt, top rt, bot mid lt, &
bot lt photos P. 162 top lt, top rt photos, P.
163 mid lt photo, top mid rt photo, P. 164
bot photo, P. 165 bot lt

ART BY KATHY SHORKEY: P. 22 mid painting, bot lt painting, P. 26 mid painting, P. 26 mid watercolor, P. 30 all watercolors, P. 32 bot mid painting P. 40 mid watercolor, P. 41 mid watercolor ART BY WENDY CHUCK: P. 24 bot series of photos, P. 25 bot series of photos, P. 29 bot series of photos, P. 31 bot series of photos, P. 33 bot series of photos, P. 34 bot series of photos, P. 35 bot series of photos, bot rt sketch, P. 36 bot series of photos, P. 40-41 bot series of photos. ART BY OKSANA NEDAVNIAYA: P. 24-25 center sketch, P. 27 center sketch, P. 28 - 29 center sketch, P. 31- 39 center sketch, ART BY PETER SOREL: P. ii-iii centerfold photo, P. 11 mid lt photo, P. 24 mid lt, P. 25 top rt, P. 29 mid rt, P. 31 top rt, P. 34 top rt, P. 36 top rt, P. 37 top rt & mid rt, P. 40 top rt, P. 41 top lt, top rt, bot rt, bot strip, P. 43 top rt, P. 49 top, P. 56-57 photo spread, P. 56 bot rt, P. 57 top rt, mid rt, bot lt, P. 58 all photos, P. 59 mid rt, P. 64-65 spread, P. 68 all photos, P. 69 all photos, P. 70 all photos, P. 72 all photos, P. 73 mid, P. 75 bot rt, P. 92 top, P. 102-103 spread, P. 107 bot rt, P. 108 bot rt, P. 109 all photos, P. 110 all photos, P. 112 top rt, P. 114 top rt, P. 115 mid lt, P. 116 top lt, P. 117 all photos, P. 118 all photos, P. 119 all photos, P. 121 mid photo, P. 120 mid rt, P. 133 all photos, P. 137 mid rt, P. 139 bot, P. 140 bot, P. 141 bot, P. 142 all photos, P. 147 top lt, P. 160 top lt, ART BY TREVOR GORING: P. 42 top storyboards, P. 54-55 top storyboards, P. 78 bot lt storyboard, P. 80 top rt storyboard, P. 81 two bot lt storyboard, P. 82-83 top lt/rt storyboard P. 84 three mid storyboards, P. 86 three bot rt storyboards, P. 92 bot two storyboards, P. 93 top & mid storyboards, P. 94 lt vertical storyboards, P. 96 mid storyboard, P. 109 bot storyboard, P. 110 mid storyboard, P. 111 bot storyboards, P. 113 storyboards, P. 114 top series storyboards P. 115 top story board, P. 117 lt vertical storyboards, P. 118 top storyboard, P. 120 top storyboard, P. 132 bot lt series storyboard, P. 133 top lt/ bot lt storyboard P. 138 top lt storyboard, ART BY PHILIP KELLER: P. 68 top/ bot storyboards, P. 69 top, bot/bot rt storyboards P. 70 top rt, bot lt storyboards, P. 72 top storyboard, P. 73 bot storyboard, P. 74-75 centerfold storyboard, P. 97-97 centerfold storyboard, P. 106-107 centerfold storyboard, P. 108 top, third from top storyboard, P. 109 top storyboard, P. 110 top/bot storyboard, P. 111 top storyboard, P. 112 storyboards, P. 114 bot storyboards, P. 115 mid storyboard, P. 118 mid lt, bot rt storyboard, P. 119 storyboards, P. 121 mid lt, P. 126 storyboards, P. 127 storyboards, P. 128-131 storyboards, P. 132 bot lt storyboard, P. 133 mid lt storyboard, P. 135 storyboards, P. 138 top lt storyboard, P. 140 top two series storyboards, P. 142 storyboards. ART BY DEANA NEWCOMB: P. 21 top rt, P. 22, bot rt, P. 23 top lt, bot lt, P. 25 mid rt, P. 27 lower mid rt, P. 28 top rt, P. 31 mid rt, P. 35 top rt, P. 36 mid rt, P. 39 bot photos, P. 42 all photos, 43 mid rt, center, mid rt, center, mid, P. 46 all photos, P. 47 top rt, bot lt, bot rt, P. 48 all photos, P. 49 bot, P. 50 bot lt, P. 52 all photos, P. 53 all photos, P. 54 all photos, P. 55 all photos, P. 61 top rt, middle, P. 62 bot rt, P. 76-77 spread, P. 79 bot rt, P. 81 bot rt, P. 82 all photos, P. 83 bot, P. 85 bot lt, bot rt, P. 86 top rt, mid lt, bot lt, P. 87 all photos, P. 88-89 spread, P. 94 bot rt, P. 96 all photos, P. 98 bot lt, P. 99 all photos, P. 154 all photos, P. 155 all photos, P. 157 bot, bot rt, mid lt, bot mid lt, bot mid rt, P. 161 top rt, P. 160 mid lt & top lt, top rt, mid lt, center, mid rt, bot mid lt, bot rt, bot lt, P. 162 top lt, middle, P. 163 top middle rt., ART © IRENE HARD-WICKE OLIVIERI: P. xii-3 paintings. ART BY ERIN SCHNEIDER: P. 3 top lt, bot rt photo.

162

ART BY PATRICK T. SMITH: P. 7 bot rt photo, P. 18-19 centerfold photo, P. 145 top lt photo, P. 149 bot lt photo P. 160 mid lt & mid rt photo, P. 161 top rt photo, P. 163 top rt photo. ART BY BEN HARDWICKE: P. viii photo, P. x-xi centerfold photo, P. 20 all top photos, mid lt photo, bot mid photo, bot lt photo, centerfold mid P. 21 centerfold mid photo, top rt photo, top let photo, top rt mid photo, bot rt mid photo, top bot rt photo, bot, bot rt photo, bot lt photo, P. 24 top rt photo, P. 25 bot lt photo, P. 38 top lt photo, P. 138 bot half photos, P. 144 top rt photo, P. 147 top rt photo. ART BY JAMIE MARSHALL: P. 50 bot lt photo, P. 66 top/bot lt photos, P. 80 mid lt photo ART BY ELLIOT DAVIS: P. 12 top photo P. 71 rt vertical series photos, P. 74 mid rt photo, P. 75 bot lt photo. ART BY JEANNE VAN PHUE: P. 23 bot rt photo. ART BY CHRIS RYAN: P. 27 top rt photo, P. 28 bot rt photo, P. 40 top lt photo, P. 41 top rt bot series ART © VENICE PAPARAZZI: P. 32 top lt photo. ART BY GENE SERDENA: P. 46 mid & bot rt photo. ART BY SHEPHERD FRANKEL: P. 50-51 Bot centerfold. ART BY TWILIGHT ART DEPARTMENT: P. 44-45 centerfold floor plan, P. 47 floor plan, P. 52-53 centerfold floor plan, P. 58 top floor plan, P. 59 bot lt floor plan, P. 63 floor plan, P. 124-125 centerfold floor plan. ART BY PIC AGENCY: P. 143 treated photos. ART BY CYNTHIA NIBLER: P. 38 mid sketches, P. 40 top lt photo, P. 160 top lt photo. ART BY DIANE SCHOSTAK: P. 14 top rt photo, P. 16 top photos & bot lt photo P. 17 bot. ART BY JAMES LIN: P. 9 top photo, P. 10 top lt photo, P. 78 two top lt, P. 152-153 centerfold photo, P. 156 bot photo. ART BY MARC VENA: P. 104 whole page, P. 122-123 centerfold sketch, P. 134 whole page, P. 136 whole page, P. 139 top rt sketch, P. 143 bot rt photo. ART BY DAN BISHOP: P. 13 top rt photo, P. 105 bot photo, P. 106 top lt photo, P. 160 top photo, bot photo, P. 161 mid photo, P. 163 bot mid rt photo. ART BY BETH MELNICK: P. 81 mid photo. ART BY BRUCE LAWSON: P. 94-95 centerfold photo, P. 97 bot rt, P. 112 bot photo, P. 161 top rt photo P. 163 top rt photo. ART BY JONNY HUNT: P. 160 top. ART BY DEVERILL WEEKES: P. 163 mid rt center. ART © SUMMIT ENTERTAINMENT: P. 158 top lt, top rt, bot rt, P. 159 top mid, top rt, mid, bot rt, bot lt. ART © GETTY IMAGES: P. 158, bot lt center, P. 159 top lt. ART BY RICHARD KIDD: 124-125 centerfold bot, P. 150 mid, bot P. 151 top series, P. 152 mid rt, mid lt, bot, P. 153 rt, series, P. 152. ART BY GILLES BENSIMON P. 164 center. FRAMEGRABS BY ELLIOT DAVIS: P. 59 mid top, mid rt, P. 67 bot, P. 73 top lt, top rt, P. 78-79 spread, P. 83 mid, P. 84 all photos, P. 85 top lt, P. 93 top, P. 97 mid, P. 109 top, P. 113 all photos, P. 115 bot rt, P. 119 top rt, P. 124 all photos, P. 150 top lt, top rt, P. 152 top lt, bot lt., P. 153 top lt, P. 157 top lt. FRAMEGRABS BY PATRICK LOUNGWAY: P. 61 bot, P. 81 bot rt, top bot rt, P. 93 bot, P. 95 bot lt, bot rt, P. 100-101 spread, P. 100 bot lt, P. 108 top lt, P. 111 all photos, P. 115 top, P. 124-125 spread, P. 126-127 spread, P. 130 all photos, P. 133 all photos, P 155 top lt.

En sentido recuerdo de Robert Stover; para mi padre, Johnnie Hardwicke.

163

CATHERINE HARDWICKE estudió arquitectura en la Universidad de Texas y se inició en el cine en la dirección artística. Trabajó en una veintena de películas como *Tombstone, Tank Girl, Tres reyes* y *Vanilla Sky*. Su debut como coguionista y directora se produjo con *Thirteen*, galardonada en Sundance. Realizada con menos de 2 millones de dólares, le valió a Holly Hunter una nominación de la Academia. Desde entonces ha dirigido *Los amos de Dogtown, Natividad* y, la más reciente, *Crepúsculo*. Vive en Venice Beach, California, con Jamie Marshall y con su gato, *The Black Velvet Luxury Item*.

Ven a verme a
WWW. CATHERINE HARDWICKE.COM

La huésped

Una fascinante e
inolvidable novela acerca
de la persistencia del amor
y la esencia misma de
lo que significa
ser humano

La huésped

S T E P H E N I E   M E Y E R

AUTORA DEL *BESTSELLER* #1 *ECLIPSE*

SUMA
de letras

Novelas que atrapan

La saga que ha cautivado a
70 millones de lectores
en el mundo

Este libro se terminó de imprimir en el mes de
junio de 2009, en Edamsa Impresiones S.A. de C.V.
Av. Hidalgo No. 111, Col. Fracc. San Nicolás Tolentino C.P. 09850,
Del. Iztapalapa, México, D.F.